Waisheng Chongji Dui Fangdichan
Shichang de Yingxiang Yanjiu

外生冲击对房地产市场的影响研究

邓国营　著

本研究利用自然实验的方法来探究外生冲击对房地产市场的影响。"外生冲击"是指来自外部的政策或者环境的变化，而非房地产市场自我运行本身所产生的改变而导致的冲击。本书所研究的外生冲击具体包括：政府所采取的货币政策（尤其是利率政策的变化）、自然灾害（汶川地震）、电厂的搬迁。本书所研究的具体角度包括：货币政策的变化对购房者贷款决策的影响；地震对消费者住房偏好选择的影响；房地产市场中的"反应过度"这一价格异象；电厂的搬迁对一地区住房价格的影响。应特别指出的是，在这些外生冲击中，之所以采用自然实验的方法来研究货币政策对房地产市场中购房者信贷决策的影响，原因在于同样的货币政策对于不同贷款类型人群的规定有显著的差异，有的人群受到了政策的影响，有的人群则不在政策的影响范围之内，故产生了研究所需要的"控制组"和"处理组"，在国内外的学术研究中，称之为"准自然实验"，对此迈耶尔（Meyer，1995）有很好的论证。

西南财经大学出版社
Southwestern University of Finance & Economics Press

图书在版编目(CIP)数据

外生冲击对房地产市场的影响研究/邓国营著. —成都:西南财经
大学出版社,2013.4
ISBN 978 – 7 – 5504 – 1009 – 1

Ⅰ.①外… Ⅱ.①邓… Ⅲ.①房地产市场—研究 Ⅳ.①F293.35

中国版本图书馆 CIP 数据核字(2013)第 056424 号

外生冲击对房地产市场的影响研究
邓国营 著

责任编辑:李特军
助理编辑:李晓嵩
封面设计:杨红鹰
责任印制:封俊川

出版发行	西南财经大学出版社(四川省成都市光华村街55号)
网 址	http://www.bookcj.com
电子邮件	bookcj@foxmail.com
邮政编码	610074
电 话	028 –87353785　87352368
照 排	四川胜翔数码印务设计有限公司
印 刷	郫县犀浦印刷厂
成品尺寸	148mm×210mm
印 张	4.875
字 数	160 千字
版 次	2013 年 4 月第 1 版
印 次	2013 年 4 月第 1 次印刷
书 号	ISBN 978 – 7 – 5504 – 1009 – 1
定 价	32.00 元

摘　要

　　本研究利用自然实验的方法来探究外生冲击对房地产市场的影响。"外生冲击"是指来自外部的政策或者环境的变化，而非房地产市场自我运行本身所产生的改变而导致的冲击。本书所研究的外生冲击具体包括：政府所采取的货币政策（尤其是利率政策的变化）、自然灾害（汶川地震）、电厂的搬迁。所研究的具体角度包括：货币政策的变化对购房者贷款决策的影响；地震对消费者住房偏好选择的影响；房地产市场中的"反应过度"这一价格异象；电厂的搬迁对一地区住房价格的影响。应特别指出的是，在这些外生冲击中，之所以采用自然实验的方法来研究货币政策对房地产市场中购房者信贷决策的影响，原因在于同样的货币政策对于不同贷款类型人群的规定有着显著的差异，有的人群受到了政策的影响，有的人群则不在政策的影响范围之内，故产生了研究所需要的"控制组"和"处理组"。在国内外的学术研究中，称之为"准自然实验"（Quasi-experiment），对此迈耶尔（Meyer, 1995）有很好的论证。

　　为了对以上问题进行科学的论证，本研究采用了大样本、高质量的微观数据进行实证研究。所使用的数据分别来自：商业银行贷款交易数据、市场调查数据和房地产市场交易数据。其中，商业银行贷款交易数据为个人贷款微观交易数据，近3

万个随机抽取的样本；政府房产交易数据是成都市 15 个城区（包括成都市县级城区）汶川地震前后近 40 万个房地产微观交易全样本数据；市场调查数据为汶川地震前后对潜在购房者的问卷调查数据。全书主要内容与观点如下：

（1）中央利率调控对房地产市场有明显的作用，尤其是对于市场中微观个体的贷款决策影响效果尤为显著。实证检验结果显示：当长期贷款利率升幅较短期贷款利率升幅提高 0.1 个百分点时，贷款者选择短期贷款的概率增加 7.5～8.4 个百分点。而且，利用商业性住房贷款利率和公积金贷款利率变动差异的"自然实验"（Natural Experiment），我们有效控制了可能由于宏观政策内生性而产生的计量问题，从微观角度为长、短期利率政策的有效性提供了更可靠的实证检验。此外，通过统计分析我们还发现，首付比例政策并没有得到地方银行的严格实施。因此，我们建议政府进一步重视利率政策对房地产市场的调控作用，而包括首付比例等相关政策的实施需加大政府相关部门的监管力度。

（2）通过问卷调查，我们对"5·12"汶川地震后成都市潜在购房者住房消费现状进行了分析与研究，并与地震之前的调查数据进行了对比。我们发现：地震对潜在购房者的购房计划并没有产生很大的影响，特别是对人们买与不买的决策的影响不大，但对其所购房屋类型偏好的改变以及购房决策因素影响显著，其中包括更倾向于选择具有更高的口碑或享有更为知名的品牌的开发商；人们对于住房楼层的选择，表现为地震之后的人们更加偏好于选择低楼层住房。

（3）为了验证调查所得到的地震之后人们对楼层选择偏好的改变这一现象，我们采用地震之前与地震之后各 1 年的实际交易数据进行实证检验，研究发现，地震造成了灾区住房价值约每套 37 210 元的下降，占住房平均总价值的 8%，进而通过观测地震前后楼层的价格差异以及这种差异的变化趋势，我们进一步得出结论，在地震后1年的时间内，不同楼层的价格均呈现显著的反转趋势，具体表现在：高层住房价格先下降而后上升，低层住房价格（特别是别墅）先大幅上升而后快速下降。根据"反应过度"理论（Be Bondt、Thaler，1985；Brooks 等，2003 等），我们得知房地产市场与资本市场一样，存在"反应过度"的现象。

此外，为了验证所得结论的准确性，我们做了一系列的稳健性检验。首先，我们对不同物业（别墅、普通多层、电梯公寓、商住两用房）地震前后的变化进行了分类描述，进而在实证模型部分，我们把被解释变量房屋总价变换为房屋的均价，而且剔除了通货膨胀因素后进行了回归，最后我们研究所得到的结论是稳健的。本研究对于现今我国住房市场中房价存在的大起大落现象，能够从微观的角度给予很好的解释，对于政策的制定尤其是出台具有长效机制的调控政策有着一定的指导和借鉴意义。

（4）除了以上几个方面，本书还研究了电厂的存在对其周边住房价格的影响，利用成都市成华区"华能电厂"和"成都热电厂"搬迁这一自然实验现象，我们发现，电厂的存在确实对一地区的房价产生了显著的负面影响，在控制房屋自身属性以及邻里特征的前提下，根据模型估计得出搬迁带来环境的变好显著地体现在房价上。

笔者认为，本研究的创新主要表现在以下几个方面：

（1）"自然实验"的实证思想贯穿全书。在现今国内外的有关房地产的研究当中，采用自然实验的方法并利用大量的微观数据样本进行深入的实证研究相对较少，尤其是在国内的现有文献来看更是如此。采用"自然实验"的方法，由于它的完全随机性，在很大程度上可以解决很多经济问题的内生性，因此在理论的证实或证伪以及对现实问题的研究过程中占有重要地位。此外，本书研究所采用的数据无论与国内还是与国外的研究进行对比，都是相对缺乏的。特别是关于住房抵押贷款的微观数据，有学者（Deng 等，2005）采用北京市部分银行抵押贷款的数据，对购房者还款特征进行研究之外，我们还没有发现相关研究采用相似的数据对房地产市场中微观个体的行为进行过深入的研究与分析。本书采用的另外一个房地产微观交易数据更是如此，我们的样本量有 40 万之多，从现有的国内外文献看，如此大的样本量国内学者还是第一次使用。

（2）本书全篇是从微观的角度来研究相关问题。首先，采用大样本的微观贷款数据来考察货币政策的变化对购房者的贷款行为影响的研究，从现今的房地产相关研究综述观察，从此角度进行研究还是第一次出现。结合我国房地产发展的现状，此类研究特别是在当下中国显得尤为重要，因为研究的结论可以为货币政策是否能够有效影响房地产中的微观个体作出很好的回答。此外，研究结论可以在很大程度上对我国政府如何有效地制定银行的贷款利率期限结构，防范信贷风险问题的出现也有着很大的参考价值。

（3）本书的另外一个研究重点是探讨房地产市场中的"反应过度"问题。在此前的一系列反应过度问题的研究中，几乎全部都集中在金融资产市场，比如股票市场、债券市场、利率市场以及心理学领域的相关研究当中，而在房地产市场中研究此问题的文献并没有出现过。这是迄今为止，首次从行为经济学的角度来验证此种现象在房地产市场中的存在。也是继雷切尔和滕雷罗（Rachel、Tenreyro，2008）发现房地产市场中存在"季节效应"之后，又一种新的房地产"价格异象"。同时，对于此问题的深入研究和分析，也能够对当下政府出台政策如何考虑购房者的心理变化，从而使得政策的实施更有效，提供一定的实证借鉴。

（4）本书采用电厂搬迁对房价影响的研究，虽然在国外有过类似的研究，但在国内房地产市场中的研究却是第一次出现。此研究对于现今我国所提倡的"低碳经济"发展模式建设，给予了强有力的实证支持。

关键词：外生冲击；自然实验；房贷调控；地震；电厂搬迁

目　录

1 绪论

1.1 问题的提出

> 用"自然的实验"来验证经济理论或找出经济变量的关系，是一种非常有前途的研究方法。20 世纪 90 年代以来，以普林斯顿的 Ashenfelter、Card、Angrist 和 Krueger 等劳动经济学家为代表，寻找"自然的实验"已成为经济学一个主流的研究方式。
>
> ——《寻找只有"一只手"的经济学家》（甘犁、李奇，2006）

本研究以上面所引实证研究思想作为指导，通过寻找"自然实验"或者"准自然实验"的客观现象，来探究房地产市场中所存在的经济变量之间的因果关系或规律。之所以选择本书所研究的几个问题，主要基于以下我们所观察到的客观现象。

1998 年 7 月 3 日国务院发布《关于进一步深化城镇住房制度改革加快住房建设的通知》，使我国的住房制度改革取得了突破性的进展，以住房分配货币化取代了城镇住房的福利分配制度。以此为标志，中国房地产的市场化运作正式开始启动。改革之后尤其是近些年房地产产业在我国得到了长足的发展，大大改善了城镇居民的居住条件和城市面貌。与此同时房价的迅速攀升，甚至部分地区出现的过热现象，也成为引发社会争议的一个主要诱因。

为解决住房价格的过快上涨，中央政府通过各种手段来调控房地产市场。早在2003年6月5日，中国人民银行便发布了《关于进一步加强房地产信贷的通知》（简称"121号文件"），此文件对房地产开发贷款、个人住房贷款都做出了很多严格的规定①，但由于各银行自身利益使然，以"121号文件"缺乏操作性为由，对房地产商暗地通融，因此并没有起到实质性的作用（范志勇，2008）。进而，从2004年开始至2010年上半年，中央政府包括国务院、央行、建设部等在内的相关部门，又进一步发布了几十项政策来调控房地产市场，其中改变首付款比例以及个人住房公积金贷款和个人购置住房（按揭）贷款利率成为政府调控房地产业较为常用的手段。

然而，这些政策的实施却没有能够解决房价快速上涨这一难题，进而导致了人们对政策有效性的各种怀疑。学界对于此类问题的研究，过往文献主要是采用宏观数据和时间序列的计量分析，但是由于数据量小和宏观政策的内生性，研究结果并不稳定，有时不同的学者相关的研究结论甚至相反，比如丁晨

---

① "121号文件"规定："为减轻借款人不必要的利息负担，商业银行只能对购买主体结构已封顶住房的个人发放个人住房贷款。对借款人申请个人住房贷款购买第一套自住住房的，首付款比例仍执行20%的规定；对购买第二套以上（含第二套）住房的，应适当提高首付款比例。"同时此文件也对房地产企业的土地储备以及建筑施工企业流动资金贷款的管理提出了严格的要求，因此不难看出中国人民银行颁布此文件的目的：一是防范银行的信贷风险，保持金融以及房地产业的持续稳定发展；二是通过严格商业银行信贷条件这个经济手段，抑制部分地区房地产投资的过热倾向。毫无疑问，如果当时该文件得到了切实的执行，肯定会对我国房地产市场、商业银行房地产信贷业务甚至整个宏观经济带来不可忽视的影响。

和屠梅曾（2007）发现短期利率对调控我国的房价有很大帮助，而有的学者（Liang、Cao，2007）用几乎同样的数据但不同的计量方法得出结论，即在我国，相比于长期利率而言，短期利率的调整并不是控制房价的有效工具。为了突破宏观方法的一些局限，并对金融调控政策的微观作用机制进行考察，本研究切换了一个角度，试图通过地方房地产市场中实际交易的微观数据来实证检验中央宏观金融调控尤其是利率与首付比例的调整对微观个人贷款决策影响的实际效果。这个方法不但大大增加了我们的样本数据量，也使我们能够把利率政策和首付比率政策的影响分开考察。更有意思的是，由于调控政策对普通购房者和公积金贷款购房者有区别，我们可以利用这个"自然实验"（即用前者作为"实验组"和用后者作为"参照组"）来消除调控政策的内生性对计量估计结果的影响。从微观的角度对于此问题的研究，一是对利率政策对微观市场调控的作用效果给予实证检验；二是对澄清文献中的长短期利率哪个重要的争论有一定的借鉴意义；三是通过检验人们的贷款决策对利率变化的反应，可以观测出货币政策传导机制的效果。

对于本书研究的第二个问题，我们主要是从调查统计的角度，来探究"5·12"汶川地震的发生对人们住房消费行为的影响，以此作为研究第三个问题的铺垫。很幸运的是，我们拥有地震之前（2007年）和地震之后两次的调查数据，通过对比两次调查的结果，我们可以直观的发现两个时间段内由于地震的发生而导致的人们住房偏好的改变。

本书研究的第三个问题为证实房地产市场中的"反应过度"现象的存在。之所以提出这个研究视角，主要是因为我们发现，政策的出台往往会导致房价产生大起大落的变化（吴璟，2009）。比如2007年我国的房地产市场泡沫现象较为严重，政府开始着手对房地产市场进行调整，连续下发了359号文件和

452 号文件①，引起了房地产市场的强烈反应，房价连续下降，而且下降的趋势一直持续到 2008 年 12 月份。然而，在国际严峻的经济形势下，为了拉动经济增长，减缓房地产市场疲软的状况，2008 年 12 月 20 日国务院出台《关于促进房地产市场健康发展的若干意见》，在此前后各地也相继出台了不同政策来稳定房地产市场，随即 2009 年 1 月份我国的房价又开始持续上涨。为什么政府的政策会导致市场如此强烈的反应？是完全政策所致，还是市场对政策产生了"反应过度"？不可否认，政府的政策确实限制了部分购房者的投资或者投机行为，但即便如此，在短短的时间内也不足以使得房价有如此大幅度的下降或者上升。那么市场中的微观个体对政策的主观反应会不会对房价的波动起到推波助澜的作用？地震的发生给了我们一个纯自然实验的机会来验证这种现象的存在，而且从第三章的调查结果我们也直观的发现，由于地震的发生，地震后一段时间内人们对房屋楼层的偏好发生了改变，且从第四章的实际交易的数据我们发现，地震之后高层价格较地震之前有所下降，而低层的价格有明显的上升。因此，如果能够证实这种由于人们心理的变化而导致房价的涨落现象，并在一段时间内最终恢复到其实际的价值，那么我们就能借鉴心理学、行为经济学（尤其是行为金融学）的相关理论与研究方法来证实"反应过度"在房地产市场中的存在性。此问题的研究是迄今为止首次从行为经济学的角度来验证此种现象在房地产市场中的存在。也是继雷切尔和滕雷罗（Rachel、Tenreyro，2008）发现房地产市场中存在"季节效应"之后，一种新的房地产"价格异象"。同时，研究

----

① 2007 年 9 月 27 日，央行、银监会联合下发关于加强商业性房地产信贷管理的通知，即 359 号文件，而后在 12 月 5 日又下发了补充通知，即 452 号文件，两文件严格规定二套房的首付比例不得低于 40%，而且明确了以家庭为单位认定其是否为二次购房。

的结论也能够对现今政府出台政策如何考虑购房者的心理变化给予一定的实证借鉴。

环境保护是指人类有意识地保护自然资源并使其得到合理的利用，防止自然环境受到污染和破坏，对受到污染和破坏的环境必须做好综合治理，以创造出适合于人类生活、工作的环境①。这一问题已经引起了世界各国的关注，这从各国对2009年的"哥本哈根世界气候变化峰会"的重视程度上已经得到证实。同时，中国国务院也在2010年2月9日发布了《第一次全国污染源普查公报》，说明自然环境的变化尤其是污染问题对社会的影响无论从国外还是从国内来看，都已经成为一个非常重要的研究课题。

现今学术界研究污染对市场产品（Marketed Goods）的影响在国外很受重视，研究成果较为丰富，但国内的研究现状并不多见，我们通过文献搜索发现，此课题在国内的研究甚少。虽然近两年研究"低碳"问题的文章渐渐出现，比如郑思奇等（2009），但是能把污染问题通过房地产市场来进行很好度量的文章却不曾出现，究其原因我们认为：其一，在我国刻画污染的数据很难得到，尤其是针对微观区域的环境污染数据，比如二氧化硫的排放、悬浮颗粒物、二氧化碳等指标并没有详细的数据来源；其二，虽然此问题在医学领域可以通过对病人的相关研究得到，但从经济学研究的角度人们很难寻找到衡量污染问题的载体；其三，即使人们能够找到这种载体，现今国内相关市场产品的微观数据也非常难以获得，虽然医学领域可以从病人的花费这一角度来进行衡量，相关的微观数据却无法公开使用；其四，由于我们国家所处的经济改革的阶段，现今国内的大多数经济类学术领域的研究只是注重宏观问题的研究，而

---

① 此定义来自于 http://baike.baidu.com/view/9724.htm。

忽视对微观领域的研究。

鉴于以上现实的需要及学术研究领域对此问题研究的不足，同时，我们也很有幸得到了房地产市场中房屋交易的大样本微观数据，进而具备了研究相关问题的基本素材。然而，遇到的困难是，我们无法得到详细的环境污染指标，因此不能直接去衡量污染所带来的各种经济与社会影响程度。对于此问题的解决，我们观测到成都市成华区"华能电厂"和"成都热电厂"搬迁这一现实事件。这种事件在现今的经济学研究当中是有着特殊的意义，比如有学者（Greenstone、Gallagher，2005）就曾经利用美国政府对"全国垃圾存放堆"处理这一事件，来研究有害废弃物对房价的影响。基于相类似的研究方法与思路，本书利用所观测到的电厂搬迁这一"自然实验"，再加上我们所拥有的大量微观交易数据，能够很好地对此问题进行非常细致的刻画，从而产生了本书所研究的第四个重要问题。相信此问题的研究能够对政府治理污染，从微观的角度给予很有说服力的实证支持。

1.2　文献综述

1978 年中国理论界就已经提出了住房商品化、土地产权等观点。经过 20 年的摸索与调整，1998 年 7 月，国务院发布了《关于进一步深化城镇住房制度改革，加快住房建设的通知》，要求 1998 年下半年停止住房的实物分配，逐步实现住房货币化。随着住房实物分配制度的取消和按揭政策的实施，中国的房地产市场完全的开放，房地产产业进入了快速发展时期。进而，学术界也展开了对房地产市场中相关问题的大量研究。通过对过往国内外文献的分别梳理，我们发现以前的研究主要集中在以下方面：

1.2.1 国内文献综述①

从现有的国内文献分析，我们把文献所研究的问题主要从 6 个方面进行总结。

（1）房地产业在国民经济中的地位以及对相关产业带动的研究（沈悦、刘洪玉，2004；王国军、刘水杏，2004；梁云芳、高铁梅、贺书平，2006）。他们的观点大体一致，即认为房地产开发投资对中国经济增长的影响力日益增大，并且房地产业对相关产业的带动效应明显，但有些地区非理性的发展已经为经济的进一步增长埋下了隐患。

（2）房地产周期与金融稳定的研究。谭刚（2000）利用扩散指数方法分析了深圳房地产周期波动的特征。刘树成、张晓晶、张平（2005）根据马克思的有关论述，并综合借鉴熊彼特周期理论和现代经济周期理论的分析思路，把中国 1953—2004 年的经济发展分为 10 个周期，着重分析了第 10 个经济周期中房地产业所扮演的重要角色。张晓晶、孙涛（2006）利用 1992—2004 年中国房地产市场的季度数据，着重分析了当期的房地产周期对金融稳定的影响。

（3）关于中国房地产泡沫的研究。袁志刚、樊潇彦（2003）构造了一个房地产市场的局部均衡模型，给出了房地产均衡价格中理性泡沫产生和存在的条件，以及导致泡沫破灭的相应因素，最后得出结论：中国宽松的货币政策、优惠的土地和财政

---

① 由于国内相关房地产研究对于"反应过度"的问题、污染对房价影响问题的现有研究相对较为缺乏，因此，此部分的文献综述只是把国内对房地产问题的研究进行综合，尤其是对现今宏观层面的研究成果给予分类汇总，而对于采用微观层面数据进行的相关研究进行稍详细的总结。更加具体的相关文献分析与总结，我们放在以后的各章当中进行深入的分析。

税收政策以及中国地方政府"以地生财、点土成金"的错误指导思想，很有可能刺激地产泡沫的产生。周京奎（2005）采用博弈论的方法对房地产投机泡沫的形成给予了解释。姜春海（2005）对中国房地产基本价值、投机泡沫和泡沫度进行了实际计算得出中国房地产泡沫已经产生而且比较严重。杨帆、李宏谨、李勇（2005）通过对美国、日本以及东亚国家房地产泡沫的分析与中国现今房地产发展的形势进行对比得出中国房地产泡沫已经产生并以极快的速度发展的结论。许承明、王安兴（2006）首次给出了投资者以按揭贷款的方式进行房地产投资时理论上的均衡价格和价格泡沫，并通过理论研究和数据模拟分析了利率政策、按揭比例、风险转移和交易成本等因素对中国房地产均衡价格以及价格泡沫的影响程度。

（4）关于房价与货币政策的研究。王来福、郭峰（2007）对货币政策对房地产价格的动态影响进行了较为深入的分析，他们得出货币供应量变化对房地产价格有长期的持续正向影响，货币供应量的增加会导致房地产价格上涨，但在长期其动态影响逐渐减弱，并最终回归到原点。梁云芳、高铁梅（2006）通过1995—2005年的季度数据研究发现，利率及货币供应量与房价负相关。王擎、韩鑫韬（2009）对于货币政策是否能够盯住房地产市场产生了质疑，他们发现房价的波动以及房价与货币供应量的联动对国内生产总值增长速度有显著影响，会导致国内生产总值增长率的下降，但房价的波动对经济增长的波动没有显著影响，因此得出中央银行没有必要通过利用货币政策直接干预房地产价格的结论。

从以上文献我们发现，不同的学者利用不同时间段的宏观数据，利用不同的宏观模型得出的结论并不一致。更有甚者，比如张涛、龚六堂等（2006）研究发现，住房按揭贷款利率的提高可以有效抑制房地产价格的上涨；丁晨、屠梅曾（2007）

认为短期利率的调整对调控我国的房价有很大帮助；而还有学者（Liang、Cao，2007）采用几乎与丁晨和屠梅曾一样的数据但不同的计量方法得出结论：在我国，利率政策并不是控制房价的有效工具，尤其是短期利率的调整更是无效。因此，鉴于现有文献所存在的分歧，本书从利率的变化对微观个人贷款决策影响的角度，研究利率政策的使用是否对房地产市场的调控起到显著的效果，进行不同角度的判断。

（5）关于房价与地价的研究。刘琳、刘洪玉（2003）认为从需求角度来看，房价上涨导致了地价的提高，而从供给角度来看，地价上涨是导致房价上涨的一个重要因素，在房地产市场运行过程中地价与房价相互转化。平新乔、陈敏彦（2004）研究得出中国房地产开发商在低地价与高房价之间更在乎土地的廉价获取，他们对低廉地价的获取动力是对高房价追求动力的两倍以上。郑光辉（2004）认为土地价格是提前支付的土地地租，就因果关系而言是房价提高增加了对土地的需求而导致地价上涨，地价的高低是房价高低的结果，不是房价高低的原因。况伟大（2005）研究得出规制情形下的房价和地价高于无规制情形下的房价和地价，在供大于求时，房价与地价成线性负相关关系，在供小于求时，房价与地价成线性正相关关系。严金海（2006）研究发现短期内房价决定地价，长期内二者相互影响。杜敏杰、刘霞辉（2007）通过研究人民币升值预期与房地产价格变动关系发现，汇率的小幅变动可以通过杠杆作用使房地产价格大幅度变化。

（6）关于住房特征对房价影响的研究[①]。随着特征价格模

---

① 对于此部分的文献综述，除了我们所汇总的文献之外，还有少部分文献也采用了此类方法，但是基本的方法运用和研究的问题大体相仿，我们就不再在此进行罗列了。

型（HPM）的广泛应用，近几年国内的部分学者也通过此种方法来研究房屋的不同特征对房价的影响。特征价格模型通常被用作估计实物资产或非市场物品（如环境、资源）的各个属性的市场价值。该模型建立在消费者偏好和效用理论基础上，认为商品价格的高低取决于商品各方面属性带给消费者效用或满足的大小。最早提出这一方法的是考特（Court，1939），他在对汽车定价的研究中得出应该分别考虑汽车的不同部件的消费权重的结论，即以"特征价格"对汽车进行定价，而不能仅仅凭借某一种配置。后来，这种方法经过罗森（Rosen，1974）等人的推广，利用到房地产等耐用品定价领域，他们认为消费者愿意为某种商品支付的价格取决于他能够从商品的各种属性中获得的享受。买卖者兼有消费者和生产者双重角色，当消费者价值函数和提供函数相切时市场达到均衡价格，而这些均衡价格的轨迹就是特征价格方程。实际上，这里隐含的假设包括了市场均衡和经济人理性。

从现有国内研究来看，学者们使用此方法主要集中在测度房屋建筑特征（包括：房间的数目、房龄、厕所的数量、地下室的大小、面积等）；区位特征（包括：房屋所在区位的社会经济特征、区域的服务水平、医院和学校的数量、犯罪率等）；邻里特征（包括：人群特征、自然环境等）对住房价格的影响。比如温海珍（2004）采用问卷调研的方式对杭州市住宅市场进行实证分析，探讨城市住宅价格的影响因素以及其影响机制，作者对于不同影响因素的大小给予了充分而明确的回答。郑捷奋（2004）采用深圳地铁一期建设相关数据，来研究地铁的建设对周边住房价格的影响（包括：住宅、商业以及办公用房）以及对城市土地的综合开发的影响。结果显示，深圳地铁一期建设为周边房地产带来的增值效益为335.36亿元，是地铁一期总投资115亿元的2.916倍。李信儒、马超群、李昌军（2005）

探讨采用特征价格模型对长沙市基准地价的影响，所采用的地价数据为商业地产取得土地的价格。张丽芳、张静等（2009）以湖南省娄底市为例，基于特征价格模型来分析城市地价的影响因素。他们发现地价是由市区中心依次向外围递减的，且土地利用类型呈现商业、住宅、工业的梯次变化，地价的分布在空间上不仅具有连续性，同时还存在着一定的空间变异性。邓国营、柴国俊（2011）采用 CHNS 城镇住户微观数据，通过构建社区层次的社会环境指标，采用"特征价格模型"基本方法详细考察各类社区质量特征对住房价值的作用大小及影响机制，进而发现，平均受教育程度、职业多样化等人力资本因素正效应显著，而民族多样化等文化资本对房价具有明显的负效应。

从以上国内的相关研究来看，大部分有关房地产的研究都是在集中于对宏观问题的探讨，而从微观方面来研究问题的文献，主要是采用特征价格的方法来探讨固有的房屋外部与内部环境对房地产价格的影响，以及对土地价格的影响。此类研究存在的最大问题是基本上所采用的数据都是来自于自己设计的问卷调查数据，数据的样本量相对较小的研究方法较为单一，采用特征价格模型进行 OLS 多元回归本身并没有什么问题，但是正如格林斯通（Greenstone 等，2005）所分析的一样，这种简单的回归方法，模型的内生性问题并不容易得到解决。如果能够解决模型的内生性问题有两种可能的方法，一种是寻找工具变量的方法（IV）来最大可能的剔除这个弊端，而另外一种方法就是寻找一种外生的冲击来架构"自然实验"，这种形式在回归的技巧上和以往的研究并没有非常大的区别，最大的问题就在于如何寻找这种"自然实验"的案例，并且有大量的微观数据来支撑。虽然，冯浩、陆铭（2009）寻找到了上海市部分区域重点学校的搬迁这一"自然实验"的案例，对"通过买房而择校"这一问题给予了证明，最后得出教育的"资本化"确实存在这一事实。但是他们研究的美中不足之处在于，文章所采用的数据是上海市 52 个区域的宏观房价的月度数据，因而无法在一定程度上刻画出房屋这一异质产品的相关特征。

1.2.2 国外文献

与国内的相关研究相比，国外的研究起步较早而且研究成果相对较为丰富，为了与本书的研究结构更加相符，我们按照每个研究的问题来分别进行文献的汇总。

（1）对于本书研究的第一个问题，与之相关的研究主要集中在货币政策（利率）的变化对于一国房价的影响，以及货币政策、房价与个人消费之间的传导机制上。其基本的观点认为：货币政策（利率）的变动使得房价出现波动，两者之间存在显著的负相关关系，进而影响到个人（家户）的消费支出。亚科维耶洛（Iacoviello，2002）通过研究 1973 第 1 季度—1998 年第 3 季度英国房地产价格与货币政策之间的关系发现，利率冲击与房价之间存在着显著的负相关关系，短期利率每增加 50 个基点，房价下降 1.5%，持同样观点的还有青木（Aoki 等，2002），只不过后者利用英国 1975 年第 2 度—1999 年第 4 度的数据，得出短期利率每增加 50 个基点，房价下降 0.8%，两者只是在影响的程度上有所差异，但对于是否有显著影响的回答都是肯定的。在此基础上朱利奥多利（Giuliodori，2005）利用包括爱尔兰、西班牙、意大利等 9 个欧洲国家 1979 年第 3 季度—1998 年第 4 季度的数据，同样采用向量自回归（VAR）模型进一步验证了货币政策（利率）对房价的显著影响效应，并得出房价的下降使得个人（家户）消费抵押融资变得更加艰难，从而导致消费支出的下降。埃尔伯恩（Elbourne，2008）采用结构向量自回归（SVAR）模型也给出了大体相同的结论。与之类似的研究还有学者（Rigobon、Sack，2004）通过研究美国的房地产市场得出短期利率的提高降低了包括房地产在内资产的价格的结论。

从以上国外文献的研究我们看出，利率的变动对于房价确实存在着显著的影响，利率的提高会不同程度的导致房价的下降，进而房价的波动应该成为政府改变货币政策的主要参考因素（Bernanke、Gertler，1999；Kiyotaki、Moore，1997；Filardo，2001）。除此之外，有关首付比例问题的研究，本研究与英国、俄罗斯、匈牙利的学者（Benito，2006；Hegedus 等，2004）的研究相比也存在不同之处。

（2）关于本书研究的房地产市场中的"反应过度"问题，国外文献并没有出现过。之所以没有被研究过的原因我们认为是：第一，在国外的房地产市场中房屋基本上都是独体住宅，无法找到大量的数据采用像本书利用楼层作为度量风险的现实素材；第二，无法取得像本书所采用的大量的微观实际交易数据。

然而，与本书相关的国外研究主要是集中在：自然灾害对一地区房价或者地价产生的负面影响。不少学者（Palm，1981、1987、1990；Brookshire、Schulze，1980；Murdoch 等，1993 等）研究并量化了美国"特别研究区"的设立对当地住房价值所产生的负面影响，以及人们针对地震风险所采取的风险调整措施（Kunreuther 等，1993；Mileti 等，1992；Lindell、Whitney，2000等）。除此之外，还有部分文献研究了地震对地租和土地价格所产生的影响（Nakagawa 等，2007、2009）；地震对房地产投资的影响（Weaver，1999）；地震对房地产企业、不动产保险公司股票收益率的影响（Shelor 等，1991、1992）。然而，可能由于数据的可得性相对较为困难的原因，地震对发展中国家房地产市场影响的相关研究并不多见。有学者（Willis、Asgary，1997）采用"条件估价法"（Contingent Valuation Method，CVM），研究了伊朗德黑兰地区人们对抗震性房屋所愿意付出的意愿价格，并鼓励政府应该积极采取相关的地震风险减小措施。还有学者（Önder 等，2004）则利用 1995 年和 2000 年两年的房地产交易数据，研究 1999 年土耳其科贾埃利（Kocaeli）地震之后有关地震风险的信息披露对当地房屋价值所造成的显著负面影响。

另外，一些研究"反应过度"问题的文献则主要集中在行为金融学和心理学当中。行为金融学家研究"反应过度"这一价格异象集中在研究股票市场、债券市场当中的"反应过度"现象，有学者（Bondt、Thaler，1985）作了最为杰出的贡献，他们通过检验美国的股票市场发现，股票的"赢组合"和"输组合"随着时间的推移产生了反转，进而肯定了股票市场上存在反应过度的现象，同时也说明股票市场并非有效市场。后来的大量研究（Lehmann，1990；Jegadeesh，1990；Chang 等，1995；Hameed、Ting，2000 等），在不同国家的股票市场中，也同样验证了这种现象的存在。

心理学家研究"反应过度"问题的侧重点与经济学家大不相同。他们主要是通过心理实验来探究人们在面对自然灾害或者意外事件的时候是否存在这样的心理特征的反应。比如卡尼曼、特韦尔斯基（Kahneman、Tversky，1973）研究发现，人们在面对不可预测的重大事件时往往会违背贝叶斯法则（Bayes'rule），表现出反应过度的状况。且他们（Kahneman、Tversky，1979）在对"前景理论"（Prospect Theory）的分析和证明过程中也同样指出，在缺乏风险学习过程的状态下，罕见事件的发生会导致人们对风险的高估，特别是"高信号事件"（High-signal Events）更容易导致社会对风险的放大（Slovic，1987；Tversky、Kahneman，1992）。而当人们发现一种风险或者事件发生的概率或者再次发生的可能性很小的时候，随着时间的消逝人们会对风险的恐惧有所淡忘（Kreps，1984；Wood 等，1992）。

（3）对于污染对房地产或土地价格影响的研究。此类研究在国外一直备受重视。国外大量的文献也是通过特征价格模型的方法，来研究人们对环境产品（Enviromental Goods）（如空气质量、水的质量以及距有毒地点的距离）所愿意支付的更高的意愿价格。针对于空气质量的研究，比如早期的赖德和亨宁（Ridker、Henning，1967）通过圣路易斯人口普查的数据研究发现，每天减少100立方厘米污染的排放可以使得每套房屋的价值增加83～245美元。在此之后，大量的研究（Deyak、Smith，1974；Harrison、Rubinfeld，1978；Nelson，1978；Li、Brown，1980；Murdoch、Thayer，1988等）都通过不同的环境测量指标来研究污染对房价产生的影响。虽然这些学者用的数据库以及所选择的变量指标有所不同，但最终他们一致发现，空气污染指标的排放量（二氧化硫、三氧化硫、悬浮颗粒物等）与房价之间存在着显著的负相关关系。对于这一结论，一篇比较经典的文献（Chay、Greenstone，2005）做了非常严谨的总结与补充，而且在回归的方法上也进行了改进，他们利用"准自然实验"的方法，采用美国环保署（EPA）的环境质量子系统数据①发现，20世纪70年代中期美国所采取的提高空气质量的措施，使得原本环境不好的地区的房屋总价值在1970—1980年上涨了近45亿美元。另外一部分相关研究则主要是关注水污染对房价或者地价产生的影响。较早的文献如大卫（David，1968）通过对威斯康星州60个"人造湖泊"周围地价的研究发现，毗邻较为干净的湖泊的土地价值显著高于毗邻受污染较为严重的湖泊的地价。同样，埃普和阿尔安尼（Epp、AL－Ani，1979）采用宾夕法尼亚州的农村电话采访数据发现，水的质量显著影响当地的房屋价值。随后，又有学者（Young，1984；Steinnes，

---

① 至于何为"子系统数据"，作者在文章中也没有给予解释，在我们看来，应该是在全部数据库中随机抽样得到的部分数据。

1992；Legget、Bockstatel，2000）也针对不同地区研究了水的质量对实物资产的影响。

而与本书研究思想较为相近的文献，则是国外的部分学者研究房屋的价值受到邻近不合理土地利用（Undesirable Land Use）的影响，这里的不合理的土地利用主要是指垃圾堆存放点、电厂、化工厂、炼油厂、焚尸场、冶炼厂、输油管道等。尼尔森（Nelson，1981）以美国宾夕法尼亚州三里岛核反应堆事件作为一个外生的事件，来研究此事件对当地房价所产生的影响。然而作者的结论却很出乎我们意料，认为事件的发生对于房价并没有显著的影响。文中作者解释说，之所以会出现这样的现象，是因为当地的居民已经预期到政府会对此处的常住居民给予一定的财政补贴。起初我们认为作者之所以作出这样的结论很大一部分原因是没有控制当地房屋的个体属性，因为作者的控制变量中没有任何与房屋属性有关的变量。然而，有的学者（Gamnle、Downing，1982）也同样研究了此事件对当地房价的影响，但是即使他们控制了房屋的具体属性之后也没有发现核反应堆事件对房价产生的显著负面影响，其原因作者解释为有可能此区域提供了更多的就业机会以及新的核技术的应用使得人们对此事件的担心逐步消除。还有学者（McClelland、Schulze、Hurd，1990）通过邮件收集的洛杉矶危险废品处理点地区相关房地产数据研究发现关闭废品垃圾堆放点可以使得该地区的房价平均上涨 5 001 美元。相似的研究还存在于迈克尔斯、史密斯（Michaels、Smith，1990）对波士顿地区垃圾堆放点对房价影响的研究当中。进而，尼尔森、吉尼罗（Nelson、Genereux，1992）研究发现，明尼苏达州垃圾堆放点对房价有着显著的负面影响，他们把采用的被解释变量为房屋交易的价格，主要关心的解释变量房屋离垃圾堆存放点的距离。其他的相似研究包括：（Reichert、Small、Mohanty，1992）对克利夫兰地区垃圾存放点的研究；（Moore、Conway，1992）对俄亥俄州的托莱多地区垃圾存放点的研究。他们研究的方法相似，其结论的共同点就是这些有害物质的存放点对房价存在着显著的负面影响。

费劳尔和拉加斯（Flower、Ragas，1994）研究的视角进行了改变，他们研究了路易斯安那州圣伯纳地区的炼油厂对房价的影响，其结果也是存在着显著的负面影响。此类的研究存在于很多其他的研究当中，如（Kiel、McClain，1995）研究焚尸场对房价的影响；（Dale、Murdoch、Thayer、Waddell，1999）研究冶炼厂对房价的影响等。

从以上的国外文献的研究综述来看，其研究的成果相对较为丰富。然而很多研究的结论也是存着不一致的现象。特别是从对于污染对房价影响的文献综述部分我们可以看出，对于相同的问题会产生很不一致的结论。但是这些研究都存在着一个很大的缺陷，那就是他们所采用的数据样本量都相对较小，而且有的文献采用电话采访的数据，这样的数据会给最终的研究带来很大的误差。

然而，近些年国内的相关研究，除了货币政策对房地产市场的宏观方面的研究之外，其余两部分都非常缺乏，尤其是第二个问题的研究。虽然在第三个问题的研究中，国内有些学者也采用了 Hedonic 模型对不同的属性对房价的影响进行过研究，但是只是针对于环境污染这一问题的研究却少之甚少。因此，本书基于大量的微观数据从微观的角度来研究所提出的三个问题，对于现今的学术研究能够给予一定的补充。进而，对于相关部分所作出的政策也给予一定的理论和实证的借鉴。

1.3 研究方法与基本思路

本书所采用的研究方法的主导思想就是寻找现实生活中所能够利用的"自然实验"或者"准自然实验"的现象。所谓的"自然实证"是指利用"自然冲击"对经济理论以及现实政策的实施、自然事件的发生对经济行为产生的影响进行实证检验的过程。由于它发生的完全随机性可以解决很多经济问题的内生性，因此在理论的证实或证伪过程中占有重要地位。由政策转变所导致的冲击与自然冲击类似也可用于验证理论，这在经济学上被称为"自然实证"或"准自然实证"（Meyer，1995）。从政策的发生对经济体所产生影响的角度，这里所谓的"自然实验"是指一项公共政策的实施使得社会中的部分群体受到了某种影响，而另外一部分群体则可能没有受到任何影响，或者受到的影响小得多，因此它的执行可以类比于自然科学实验中对试验对象施加的某种"处理"（Treatment）（周黎安、陈烨，2005）。

在本书第一个问题的研究过程中我们发现，研究样本时间区间之内，利率政策的变化对商业性贷款和公积金贷款的规定是不同的，前者长短期利差的变化随着利率的改变而改变，但后者却是恒定不变的。因此，这种现象的存在给了我们一次很好的机会，来采用"自然实验"的方法对利率政策的变化对微观个体贷款决策的影响进行有效的评估，我们把受到政策影响的"商业贷款"的人群作为"处理组"来看待，把没有受到政策影响的"公积金贷款"的人群看成"控制组"来进行对待。只不过，与 Difference in Difference（DID）模型不同的是，我们在回归的过程中并不采用控制不同时期不同受作用对象交叉的形式。

对于本书第二个问题的研究，毋庸置疑，"5·12"汶川地震的发生更被视为一种"纯自然的外生事件"，与此同时，在模型的回归中我们还控制了模型的"固定效应"，以此在更大程度上来消除模型不可控制的变量所导致的内生性问题进而导致回归结果产生偏误的问题，此种控制方法类似于研究 SARS 的发生对香港房地产价格影响所采取的控制方法（Grace Wang, 2009）。此外，在研究的过程中我们对物业类型进行了细致的划分，分别总结其地震前后价格变化的特征。而且，在模型中，我们把地震之后每个月作为时间测度，进而通过回归结果来刻画价格的走势。为了更准确地衡量房地产交易的"价格"，我们在模型的稳健性检验部分对房价进一步剔除了"通货膨胀"因素。

在对本书的第三个问题研究的时候，我们把成都市成华区两个电厂的搬迁作为自然实验的基础，通过测量不同区域的房屋与电厂旧址之间的距离，我们以此来衡量搬迁对房价产生的影响，而且为了使得模型回归的结果更加准确，我们控制大量的自身房屋特征以及不同区域的医疗可及性、学校的数量等外部特征。

本书的基本研究思路如图 1.1 所示：

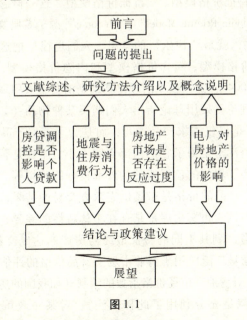

图 1.1

1.4　几个概念的说明

由于本书研究的问题，较过往文献相比有很大不同，而且有的研究问题在房地产市场中并没有出现，虽然部分定义我们在各部分的分析当中给予了解释，但是为了更加清晰让读者明白我们的研究思路和理念，防止概念或者定义的混淆，因此，我们认为很有必要对相关的几个重要概念进行单独的阐述和解释。

（1）外生冲击。本书中所指"外生冲击"是来自外部的政策或者环境的变化对房地产市场的影响，而不是房地产市场自我运行所产生的改变而带来的冲击。

（2）特征价格模型。"特征价格模型"这一概念在英文中叫做"Hedonic Pricing Model"。"Hedonic"源于希腊文"Hedonikos"一词，就是"快乐"的意思，人们也往往把这种模型翻译为享乐价格模型、隐含价格模型和内隐价格模型（贾生华、温海珍，2004）。这一模型的理论基础是消费者效用理论和市场供需均衡理论。效用理论指出人们购买某种物品（如汽车、房产等），不是仅仅需求产品本身，而是为了消费产品的不同特征，如消费汽车是为了它的内部空间大小、座椅是否舒适，消费房屋是为了房间的位置所处的外部良好的环境等。市场均衡理论认为，产品的价格是市场供需双方交易的结果，在我们的理解中我们认为每套房屋都是存在个体特性的差异，消费者购买房屋时考虑到其不同的特征最终与房产商达成交易。后来，特征价格法被广泛应用于对非市场交易品价格的评估（如洁净的空气）；对房地产市场价格指数的编制（如我国的房地产价格指数编制就是充分利用了此种方法）；对某一政策效果的评估等。

（3）房贷调控。在我们国家，关于房地产贷款的调控方式有很多种，有的调控是利用行政手段，如对第一次购房和多次购房规定的不同贷款比例问题的调控、史上最严厉的调控政策"限购"；对公积金贷款方式和商业性贷款方式的相关调控；对房屋建设 70/90① 的调控等，有的是通过经济手段进行调控，比如增大土地的供应量等。而本书所指的贷款调控主要是指对利率水平的调控，此外，在我们的分析中还对首付比例的调控进行了一定的统计分析。

（4）反应过度。之前有关反应过度的概念是从心理学的角度进行的定义，其意为人们在面对不可预测的重大事件时往往会违背贝叶斯法则（Bayes'rule），表现出反应过度的状况，而且卡尼曼、特韦尔斯基（Kahneman、Tversky，1979）在对"前景理论"（Prospect Theory）的分析和证明过程中也同样指出，在缺乏风险学习过程的状态下，罕见事件的发生会导致人们对风险的高估，特别是"高信号事件"（High - signal Events）更容易导致社会对风险的放大（Slovic，1987；Tversky、Kahneman，1992）。以上的定义只是从人们的心理层面给予现状的描述，并没有对此种反应如何影响人们的行为进而导致资产价格的变化进行很好的解释和证明。后来行为金融学家把这种现象放入到股票市场、债券市场当中进行研究，他们指出，"反应过度"是指在不确定条件下投资者的心理认知偏差造成投资行为的极端反应，面对突然或者未预期到的事件时，过于重视新的信息而忽视老的信息，即使后者更具有广泛性，从而引起股票价格的超涨或超跌，等到投资者理解了事件的实际意义后，价格就会

———————

① 70/90 是指在新建商品房中，70% 必须为 90 平方米以下的户型。这个政策的实施主要是政府想增大小户型住房的供应以使更多的人能够买得起房。

反转，最终恢复到理性的内在价值区间。在本书的研究当中，我们借鉴了行为金融学家对"反应过度"概念的定义。我们认为，由于地震带来的强烈震感以及连续不断的余震，人们对震动的感知和屋内财产的损失程度会因为楼层的不同而有很大差异，高层楼房震动感知和财产损失程度相对较大，进而，地震过后的一段时间内与地震之前相比，人们会倾向于选择楼层较低的住房，继而会导致低层住房价格出现大幅上涨而高层住房价格出现下降的现象。但随着时间的推移，人们对地震的恐惧感将会逐步弱化，最终会使得不同楼层的价格恢复到其正常的价值水平，这种由于人们心理的变化而导致的房价"正常—溢价—正常"波动的现象就是本研究所指的"反应过度"。

（5）环境质量的测度。本书第 5 章所研究的电厂对房价的影响主要是以"电厂搬迁"作为一种外生的冲击，并测量出处于不同区域的房屋离电厂旧址之间的距离。然后，根据文章所惯常采用的研究方法，我们把距离作为我们最关注的被解释变量，看离电厂旧址的不同距离对房价所产生的影响，而并不直接把测度环境污染的指标放入到模型当中。

2 房贷调控对个人贷款决策的影响

——源于交易数据的微观证据

2.1 引言

中国的房地产市场自 1998 年以来迅速发展，受各种因素推动，平均房价快速上涨，部分地区出现过热现象，成为引发社会争议的一个主要诱因。为解决这一问题，中央政府通过各种调控手段来干预房地产市场，其中利率和首付比例政策是政府频繁使用的调控工具。与之相关的政策主要包括以下四个[①]：①中国人民银行决定，自 2004 年 10 月 29 日起，上调金融机构存贷款基准利率并放宽人民币贷款利率浮动区间和允许人民币存款利率下浮，购房贷款一年期基本利率从 5.31% 提高到 5.58%，此文件表示央行正式使用市场调节杠杆来对房地产市场进行调节；②自 2005 年 3 月 17 日起，取消抵押贷款优惠利率

[①] 由于本书合约申请得到的只是 2004—2006 年的数据，所以在政策的汇总中，我们仅对这个时间段的相关政策给予描述。

政策，对于房价上涨过快的地区首付最低比例由 20% 上升为 30%，并进一步提高抵押贷款利率（详见表 2.1）；③从 2006 年 4 月 28 日开始，金融机构一年期以上贷款基准利率均上调 0.27 个百分点，个人购房按揭贷款也按照相当于贷款基准利率的 0.9 倍的比例上调；④2006 年 5 月 29 日，国土资源部、发改委等九部委联合发布：自 6 月 1 日起，购房面积大于 90 平方米最低首付比例不能低于 30%，小于 90 平方米仍执行 20% 首付比例的规定，以此来引导住房市场供应结构合理化，改善中低收入群体的住房条件。

那么这些政策（尤其是利率的变化）的实施是否对微观市场真正起到了调控的作用？这一问题一直受到政府和学界的关注。与之相关的宏观研究相对较为丰富，但是从微观的角度来研究政策本身的变化对微观市场影响的研究却少之甚少，即使相关宏观的研究也存在着不同看法和结论。因此，以此作为引导，本章采用成都市 2004—2006 年房地产市场的微观交易数据，从购房者贷款期限选择的角度，采用"自然实验"的方法对现有文献缺乏微观机制的研究以及所存在的疑问和结论的矛盾给予严格的实证回答。

区别于以往的文献，本章有三个最大的不同点：①使用大样本的微观交易数据；②关注个人长短期贷款选择，而不直接考察房价或交易量；③采用"自然实验"的方法，以住房公积金贷款者作为控制组，以商业性贷款者为处理组。之所以选择这样的处理方式，分别基于以下三点考虑：①以往的研究主要采用宏观的数据，重点探讨货币政策（利率）的变化对于一国房价的影响（张涛、龚六堂等，2006；Liang、Cao，2007；Giuliodori，2005），或者货币政策、房价与个人消费之间传导机制的研究（Aoki 等，2002；Rigobon、Sack，2004；Iacoviello，2005）。而运用宏观数据对货币政策有效性的实证分析被证明是十分困难的（Bernanke、Blinder，1992），因为在实证中很难分离货币政策的两种作用渠道：信贷供给与信贷需求（Mishkin，2001；Peek、Rosengren、Tootell，2003）。而本章利用大样本的微观数据，在控制个人和房屋微观特征的情况下，可以规避宏观研究所存在的问题。在我们的文献搜索中尤其是在国内类似的数据库使用较为罕见。②从方法论上讲，直接分析利率与房价或者交易量的关系，计量模型的内生性问题会导致模型的严重估计偏误。由于影响价格和交易量的因素过于复杂，即使是发现二者与利率之间存在统计上的相关，我们也仍然无法断定结果是否是由中央利率调整政策直接导致的，因为影响价格和交易量的多种政策或因素往往同时发生。也正是由于这个原因，从而导致现有的研究结论存在很大的分歧，比如，张涛、龚六堂等（2006）研究发现，住房按揭贷款利率的提高可以有效抑制房地产价格的上涨；丁晨和屠梅曾（2007）认为短期利率的调整对调控我国的房价有很大帮助；而有学者（Liang、Cao，2007）采用几乎与丁晨和屠梅曾一样的数据但不同的计量方法得出在我国利率政策并不是控制房价的有效工具，尤其是短期利率的调整更加无效的结论。鉴于现有文献所存在的分歧，本章的研究从利率的变化对微观个人贷款决策影响的角度，对利率政策的使用是否对房地产市场的调控起到显著的效果进行不同角度的判断。而且采用"自然实验"的方法可以在很大程度剔除模型内生性问题，因此，本章也可以看做是对现有研究的补充和改进。③本章采用"自然实验"的方法来处理模型的内生性问题，"自然实验"是指一项公共政策的实施使得社会中的部分群体受到了某种影响，而另外一部分群体则可能没有受到任何影响，或者受到的影响小得多，因此它的执行可以类比于自然科学实验中对试验对象施加的某种"处理"（Treatment）（周黎安、陈烨，2005）。利用这种方法来处理模型的内生性问题在现今的经济学文献中较为普遍。在本章的研究过程中我们发现，利率政策的变化对商业性贷款和公积金贷款的规定是不同的，前者长短期利差的变化随着利率的改变而改变，但后者却是恒定不变的。因此，这种现象的存在给了我们一次很好的机会来采用"自然实验"的方法对利率政策的变化对微观个体贷款决策的影响进行有效的估计。此外，通过对房地产市场中微观个体贷款行为的研究，我们还可以检验我国现行的货币政策对经济的调控是否产生显著的效果。因为利率是货币政策的主要传导媒介，中央银行正是利用其来影响微观经济主体的经济行为，从而达到货币政策调控的目标（何来维，2007）。通过检验人们的贷款决策对利率变化的反应，可以观测出货币政策传导机制的效果。

基于以上理由，本部分研究利用成都房地产市场实际交易的微观数据，考察房贷调控是否影响个人贷款决策，以此间接检验中央宏观金融调控是否有效影响地方房地产市场。具体来说，我们考察长、短期贷款利差与个体长、短期贷款决策的关系。通过数据的统计分析我们发现，每次长期贷款利率和短期贷款利率的调整幅度是不一样的（商业性贷款），即利率调整导致长、短期贷款的利差发生变化（参见表2.2）。因此，我们有假设一：如果中央的利率调整政策对微观个体是有效的，那么长、短期贷款者比例也应该会随着利差的变化而发生变化。换句话说，本章通过判定购房者长、短期房贷决策是否随着长、短利差变化而发生替代效应，间接地检验利率政策是否有效。通过实证分析我们发现：当长期贷款利率上升幅度大于短期贷款利率0.1百分点，短期贷款者的概率增加了7.5~8.4个百分点。它反映了中央房贷政策（利率）有效地影响了地方消费者。

更有意思的是，由于利率政策对普通商业性贷款和公积金贷款的规定不同，我们可以利用这个"自然实验"（即用前者作为实验组和用后者作为参照组）来消除调控政策的内生性对计量估计结果的影响。如果长、短期贷款者的比例变化不是其他政策因素而仅仅是由于长短期贷款的相对利率变化引起的，那么由于公积金贷款买房者的长短期利率差在我们的样本期间是恒定的（详见表2.2）。因此，我们有假设二：公积金长、短期贷款者的比例应该不受中央金融利率变动的影响。回归的结果证实了我们的预期，即公积金贷款者对利率调整的反应在统计上是不显著的。这证明我们之前发现的商业住房贷款者贷款长度的选择是对中央利率调控的反应而不是由其他未知因素（或者说模型的内生性问题）所造成的。除此之外，本章通过统计分析，还考察了房贷首付比例政策是否得到了地方执行机构的严格实施。与英国（Benito，2006）、俄罗斯与匈牙利（Hegedus等，2004）的市场不同，我们的样本数据显示，地方执行机构并没有按照国家的规定对首付比例进行严格的操作，在一定程度上说明地方商业银行存在着"贷款冲动"的现象。

　　本章主体部分结构安排如下：第二部分为数据的详细描述以及初步的统计观察；第三部分为利率政策效果的实证检验，并对模型中控制每个变量的目的和作用进行详细的解释；第四部分讨论经济计量模型估计的结果；最后提出相关的结论与政策建议。

2.2　数据与初步统计观察

　　我们把研究焦点放在地方房产市场——西部龙头城市成都。伴随着全国房地产业的飞速发展，我国西部地区的房地产业也相继出现房价、地价以及开发投资额飞速猛涨的态势，成都作为我国西南地区的中心城市和我国的15个副省级城市之一，其住房开发面积由 2004 年的 1 200 万平方米增至 2006 年的 2 000 万平方米，在此期间，成都房地产业与全国的房地产发展态势几乎同步，其新建商品住宅均价由 2004 年的 3 241 元/平方米上升至 2006 年的 4 256 元/平方米①，上升 31.3 个百分点，上升的速率略高于全国平均水平（此期间全国平均上升 23.5 个百分点②）。从成都与全国的房地产发展形势来看，虽然增长的比率有所不同，但两者大体发展的态势有着共同的特点。由于成都是我国的一个副省级城市且具有独特的地理位置，因此剖析成都市房地产业的发展特点可窥全国之貌。更重要的是，通过成都市个人房地产交易的微观数据，我们可以很好的研究我国调控房地产市场发展的中央金融政策如何影响微观个体的购房决策行为。

本章采用的数据样本来源于成都市房地产交易信息系统以及成都某国有住房担保公司，我们根据房屋唯一的权字号把两个数据进行了合并。从信息系统数据库当中我们主要提取房屋的具体信息，从担保公司的数据中我们提取购房者的微观信息。随机抽取的样本均为新建商品住宅，样本总量为 20 146 套，时间跨度为 2004 年 7 月至 2006 年 12 月③，约占成都市此时间段新建商品住宅总成交量的 11.90%④。删除一部分存在缺失变量的观测值，有效样本量为 15 230 套，其中商业性贷款 14 468 套，公积金贷款 762 套。

---

① 数据来源：《2006 年成都房地产发展报告》。

② 在此期间我国新建商品住宅均价从 2004 年的 3 521 元/平方米上升到了 2006 年的 4 350 元/平方米（数据来源：国泰安 CSMAR 研究数据库）。

③ 由于该担保公司的数据自 2004 年 7 月之后关于个人的微观信息较为全面，因此我们把抽取的起始时间定为此时。

④ 根据其信息系统的统计，在我们样本抽取的时间段期间，成都市房地产交易总套数为 169 289 套。

样本中房屋的信息包括：房屋总价格、每套房子的具体位置、区域、房屋的总面积、小区名称等；购房者信息包括：购买者的工资水平、性别、工作单位、职务等；房屋贷款信息包括：贷款总额、贷款年限、贷款时间、首付款、抵押贷款利率、贷款银行等，总计49个微观变量。

2.2.1 购房者信息

在购房者信息中，购房人的平均年龄为33.40岁，短期贷款的购房者年龄略高于长期贷款的购房者（见表2.1）。年龄在23~38岁之间的人群为购房者主体，总计11 055人，占据样本的72.59%。从登记的户主来看，女性总计7 010人，占比46.03%。女性购房者中位数年龄为25岁，男性购房者中位数年龄为31岁，从而我们大体可以看出，成都市的购房者人群主要集中在适婚年龄群体。

购房者月工资中位数水平为3 000元，月平均工资约为3 901元（详见表2.1）。从工资水平的标准差可知，购房者工资水平之间存在着有很大差距。同时从3~5年（含5年，下同）和5~10年（不包含5年，下同）贷款者的工资水平来看，贷款期限越短的购房者其工资水平越高，说明高收入者更加偏好短期贷款。

表2.1　　　　　　　变量描述性统计

样本 变量名称	全部样本		贷款3~5年的样本		贷款5~10年的样本	
	均值	标准差	均值	标准差	均值	标准差
面积	95.68	37.27	96.15	41.21	92.63	39.06
购买者年龄	33.40	7.60	37.43	8.77	35.72	8.20
房屋均价	3 850	1 748	3 559	1 511	4 148	2 791

表2.1(续)

样本 变量名称	全部样本		贷款 3～5 年的 样本		贷款 5～10 年的 样本	
	均值	标准差	均值	标准差	均值	标准差
首付款比例(%)	39.81①	12.81	51.63	16.23	45.43	13.59
月工资水平	3 901	3 335	5 089	5 602	4 182	3 734
贷款期限	15.45	5.37	4.85	0.50	9.82	0.69
观测值	15 230	1 036	4 137			

2.2.2 房屋信息

所有交易房屋平均面积约为 96 平方米（见表 2.1），约 50% 的房屋面积大于 90 平方米。排除一小部分观测值之外，所购房价格和购房者工资水平存在明显的线性关系（参见图 2.1）。其中，log（wage）、log（price）分别为工资与房屋价格的对数。虽然在我国住房（按揭）贷款操作中，购房者所登记的工资水平真实性可能存在问题，但不管其登记的工资是高于还是低于其真实的水平，至少购房者认为她（他）在现在或者将来不论采取什么样的方式，都能够支付得起相应的贷款额度，从而其登记的工资水平不失为其支付能力的体现，最主要的是只要工资不具有系统的偏差，我们认为仍然具有参考和使用价值②。而且模型的估计过程中，我们采用"自然实验"的方法来消除因为工资的测量误差而导致的模型内生性问题的担忧。

---

① 因为大部分的购房者首付比例都高于或等于 20%，且有很多人的首付比例超过 40%，因此，首付比例的均值相对较大。

② 其实，对于"工资"这一变量，无论是国外还是国内，都会存在这样的问题。

从成交量来看，在我们的样本区间之内，成都市房地产市场交易量总体成上升趋势（详见图 2.2）。从图 2.2 可以看出，2004 年中期至 2005 年中期，市场每周交易量一直维持在 100 套左右，从 2005 年 6 月份开始大幅上升，虽然在 2006 年第二季度有所回落，但每周交易量很快得到了恢复，在 2006 年 10 月份每周成交最高达到 588 套①。

从房价来看，平均房屋总价格为 358 328 元，房屋均价为每平方米 3 850 元，与成都市 2004—2006 年新建商品住宅总体均价非常接近②。

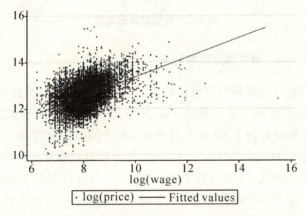

图 2.1 房屋价格与工资水平的对数散点图

---

① 之所以 10 月份成交量如此大，与此月成都市房管局举办的"秋季房交会"有很大关系。
② 2004—2006 年成都市新建住宅均价为每平方米 3 776 元，详见《2006 年成都房地产发展报告》p12。

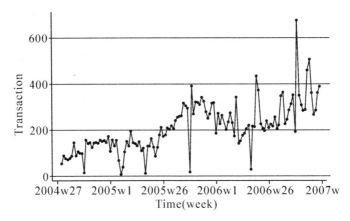

图 2.2　每周交易量走势

2.2.3　首付款比例和利率

根据每笔交易的首付款和房屋总价我们计算出首付比例，数据统计显示（参见图 2.3），80% 的交易首付比例超过了 30%。而仅有约 2.3% 的交易享受 20%[①] 的首付款比例（总计 349 套）。在我们的样本区间之内，历数政府对首付比例的政策变化总共两次，一次是在 2005 年 3 月 17 日央行发布《通知》[②] 规定：对房地产价格上涨过快的城市或地区，个人住房贷款最低首付款比例可由现行的 20% 提高到 30%。另一次为 2006 年 5

---

① 由于银行在放贷中，为了便于操作，放贷额都以整数计算，因此，在我们的数据中贷款比例小于 30% 的，大部分集中在 20%，也就是说这部分人首付比例实际上应该为 20%。

② 该《通知》全称为《关于调整商业银行住房信贷政策和超额准备金存款的通知》，规定：从 2005 年 3 月 17 日起调整商业银行自营性个人住房贷款政策。宣布取消住房贷款优惠利率；对房地产价格上涨过快的城市或地区，个人住房贷款最低首付款比例可由现行的 20% 提高到 30%。

月 24 日国务院办公室发布《37 号文件》① 规定：从 2006 年 6 月 1 日起，个人住房按揭贷款首付款比例不得低于 30%，对购买自住住房且套型建筑面积 90 平方米以下的仍执行首付款比例 20% 的规定。而样本中 2005 年 4 月至 12 月以及 2006 年 6 月至 12 月，首付 20% 比例的购房者占到了总样本中首付比例为 20% 的 67%（总共 234 套），且 2006 年 6 月至 12 月期间首付比例为 20% 的贷款者当中有约 25% 的房屋面积超过了 90 平方米。

因此，根据数据可以看出，地方商业贷款机构对于首付款比例的规定并没有进行严格的实施，这一现象与在汽车市场贷款市场的发现类似（Wonder 等，2008）。究其原因，一是可能我们抽取的样本自身产生的问题；二是中央政府的政策并没有得到地方政府认真的贯彻执行。我们认为出现第一种可能性的几率很小，因为根据对房价以及成交量的分析，样本数据显示的变化趋势与成都市总体房地产发展的趋势非常相似，对于样本能否反应总体我们的回答是肯定的，因此主要还是第二个原因导致最终的结果。可能的解释是：第一，地方政府为了拉动国内生产总值的增长以及增加财政收入，确实存在着背离中央政府政策的动机（于润、孙武军，2007）。第二，规定本身的模糊性造成实施困难。从两文件内容来看，其措辞含糊，比如《通知》中的"房价上涨过快"的定义以及《37 号文件》中的"自住住房"、"投资、投机性需求"和"改善性需求"在实施过程中很难区分。进而导致这些政策对地方政府和地方贷款银行的实际约束力很弱。

---

① 《37 号文件》全称为《关于调整住房供应结构稳定住房价格的意见》，规定：有区别地适度调整住房消费信贷政策。为抑制房价过快上涨，从 2006 年 6 月 1 日起，个人住房按揭贷款首付款比例不得低于 30%。考虑到中低工资群众的住房需求，对购买自住住房且套型建筑面积 90 平方米以下的仍执行首付款比例 20% 的规定。

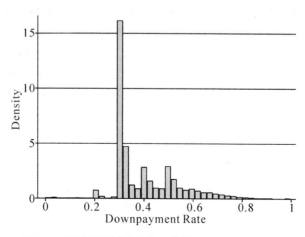

图2.3 首付款比例的分布（纵轴 Density 为百分比）

而反观样本区间之内的抵押贷款利率，2004—2006 年一直处于上升的趋势，特别是商业性贷款中的长期贷款利率，三年内上升了 0.8 个百分点（详见表2.2）。从我们的样本数据显示，每次央行的利率变化都得到了很好的执行，且从样本区间之内的房价涨幅来看，从 2005 年的 16.32% 下降为 2006 年的 12.90%[①]。当然，我们并不能简单地认为由于利率的变化从而导致成都市场上房价涨幅的下降，这也有可能与交易房产的属性相关；也可能自 2005 年之后出售房屋的供给大量增加，从而在一定程度上抑制了房价上涨的速度；或者政府调整房地产的其他政策起到了作用。它们之间的内在联系有待于我们去作更深入的思考。

---

① 数据来源：《2006 年成都房地产发展报告》p15。

表2.2　个人住房抵押贷款利率与长短期贷款利差

（2004—2006年）

	21/2/02	1/1/05	3/17/05	4/28/06	8/19/06
商业性贷款					
3～5年	4.77	4.95	5.27	5.51	5.51
>5年	5.04	5.31	5.51	5.75	5.81
利差	0.27	0.36	0.24	0.24	0.3
公积金贷款					
3～5年	3.6	3.78	3.96	4.14	4.14
>5年	4.05	4.23	4.41	4.59	4.59
利差	0.45	0.45	0.45	0.45	0.45

注：数据来自中国人民行网站 www.pbc.gov.cn。

2.3　利率政策效果的实证检验

为进一步证实利率政策的实施效果，我们从利率变化对购房者贷款期限选择是否具有显著影响的角度来进行验证，之所以本研究不采用利率对房价（或交易量）的影响这一直接的方式来考察政策的效果，是因为我们无法规避由于模型内生性问题带来的估计的偏误。虽然利率的变化是基于全国形势而定，从而不一定与成都有直接的关系，但其他无法观测的宏观政策的变动可能与利率、房价（或交易量）有关联并产生内生性的问题。再者，如果市场对于利率的变化早有预期，但不能确定变化幅度的大小，这种不确定性会在一定程度压抑楼市，若利率一旦变化，由于不确定性的减少会促进楼市的发展，进而此类内生性的问题会导致模型估计的偏误。因此本研究选择从个人贷款期限选择行为的角度出发，可以在很大程度上减少由内生性所带来的模型估计偏误的问题。

下面我们利用一个"自然实验"来实证检验房贷消费者对利率变化的反应。根据表 2.2，对使用商业贷款普通购房者来说，3~5 年的贷款利率与大于 5 年的贷款利率之间的差异不是恒定的，而是随着时间变化的。有意思的是，对于使用公积金贷款的人来说，他们的长短期利率差在样本期间是恒定的，都是 0.45 个百分点。如果抵押贷款利率对于抵押贷款人的决策确实有影响，那么抵押贷款不同期限的利差变化应该对普通商业性抵押贷款者的决策产生影响：当利差越大时，贷款者更加倾向于期限较短的贷款，因为相对于期限较短的贷款而言，贷款期限越长付出的利息成本越高。相比之下，长短期利差对公积金贷款者应该没有影响。

我们对以上的两个假想（一是对商业性贷款者；二是对公积金贷款者）进行检验，采用的基本模型为：

$$T_{it} = \alpha_0 + \alpha_1 \Delta MR_t + \alpha_2 Wage_i + \alpha_3 DPR_i + \alpha_4 t + \beta X_i + \varepsilon_{it}$$

其中，被解释变量 T_{it} 是在 t 时刻第 i 个商品住宅交易中购房者选择的贷款期限；α_0 为常数项；ΔMR_t 表示贷款期限大于 5 年与 3~5 年利率的差距（见表 2.2）；$Wage_i$ 代表购房者的工资水平（在回归中我们取其对数值）；DPR_i 为首付款比例；变量 t 代表时间趋势项；X_i 为模型控制的其他控制变量；ε_{it} 为残差项。

对于贷款期限 T_{it}，我们通过两种方法进行回归，第一种方法是利用实际抵押期限，时间跨越从 1~30 年不等，第二种方法是把贷款时间为 5~10 年的设为 1，时间为 3~5 年的设为 0，此时被解释变量表示为 $T5$（用线性概率模型，即 Linear Probability Model 来估计），这样做的目的是为了更有效地估计贷款期限由短期利率变为长期利率所产生的边际效用。虽然采用 LPM 方法所估计的概率有可能大于 1 或者小于 0，以及存在着一定异方差两方面的缺陷，但对于本研究而言，两方面的缺陷对研究的结果都不会产生太大的影响。因为，第一，本章研究的重点不在于对概率的预测值，我们所关注的是解释变量在其他条件不变的情况下对概率的影响，因此对本章所研究问题的分析不会产生太大干扰；第二，我们在模型中控制了大量有关个人、房屋以及银行的特征，并同时应用 OLS 异方差稳健（Heteroskedasticity - robust）的方法来克服存在异方差的缺陷（Wooldridge，2001）。

在所有估计的系数当中我们特别关心的是 ΔMR_i 的系数，如果贷款利率政策的变化确实在购房者贷款决策时起到非常重要的作用，那么我们预期在控制其他变量的条件下系数 α_1 为负：表示越大的利差将会引致购房者选择更短的贷款期限。此外，特别注意的是，贷款者工资水平对选择贷款期限时间长短的影响是模糊的。从理论上来分析其原因：一方面，高工资可能意味着贷款者有更小的资金约束，因此会倾向于选择更短的贷款期限；另一方面，高工资可能意味着贷款者有更多更好的投资机会，因而倾向于选择时间较长的贷款期限。但鉴于我国个人投资渠道狭窄，且房地产作为不动产也是非常好的资产保值增值的渠道，我们认为发生第一种情况的可能性较大，即工资水平越高贷款期限越短，系数 α_2 为负。对于首付款比例 DPR_i 的系数，我们期望它与抵押贷款期限呈负相关关系，正如前面我们所论及的，高的首付比例说明贷款者有更小的资金约束，因此更加倾向于选择短期限的贷款。时间趋势项" t "是用来表示抵押贷款期限的选择与抵押贷款利差的一般时间趋势，由于在样本区间之内随着时间推移成都房价不断上涨，因此在控制其他变量的情况下 α_4 的系数应该为正。

除了上述变量之外，为了最大限度地避免模型估计产生遗漏变量的问题，我们在回归的过程中加入了大量的控制变量，

这些变量都包含在 X_i 当中，具体包括：购房者的性别、年龄、年龄的平方、工作类别；房屋所在的区域；房屋是否为同一个开发商所建，如果是同一个开发商所建，我们赋予同样的标示变量；同时我们还控制了房屋的结构特征，根据成都市房屋面积与房屋结构的大体特征，把面积细分为 5 种，分别为：小于60（含60）平方米、60～90（含90）平方米、90～120（含120）平方米、120～144（含144）平方米以及大于144平方米①。此外，模型中还控制了贷款银行，给予不同的机构不同的标示变量，从而控制其不同的特征。另外，我们还控制了样本区间之内的全国房地产月度价格指数的增幅②，加入此变量的目的是要控制由于我国整体的房地产发展趋势对个人贷款行为所产生的影响，以及短期和长期利率的算数平均值，以此来控制总体利率水平变动对贷款者购房决策的影响。

2.4 估计结果

为了发现长短期利差对个人贷款行为所产生的影响，我们分别进行四次不同的回归，所有的回归都经过异方差稳健的方法进行处理，回归结果如表2.3所示。表2.3对普通贷款者和公积金贷款者的回归结果分别列出以便于比较，前两列采用商业性贷款的样本进行回归，后两列为公积金贷款的样本回归。由于篇幅的限制我们所控制的有关个人以及房屋等部分特征的回

① 这么划分是因为根据成都市大体的房屋结构：小于60（含60）平方米的基本上为一室一厅；大于60小于90（含90）平方米的为两室一厅；大于90小于120（含120）平方米的为三室一厅；大于120小于144（含144）平方米的为三室两厅或者四室一厅；大于144平方米的为复式结构或者别墅。

② 数据来源：中经网统计数据库。

归参数结果并没有列在表中。

从回归的结果可以看出，ΔMR_t 无论对 $T5$ 还是对 T_{it} 都存在着显著的影响。我们发现中央规定的长短期利差每增加 0.1 个百分点，普通购房者选择短期贷款（3 ~ 5 年）的可能性增加 8.4 个百分点（第一次回归）。此结果验证了我们此前的预期：相对于短期的贷款而言，长期贷款的利息成本越高，购房者更加倾向于选择期限较短的贷款。

其他控制变量的系数估计也基本符合预期。工资水平的系数为负而且非常的显著，也就是说购房者工资水平越高越倾向于选择短期贷款，这更符合"资金约束"而不是"投资机会"的理论。时间趋势项 t 的系数为正，说明随着时间的不断往后推移伴随着房价的不断提高，购房者更倾向于选择长期贷款。首付款比例 DPR_i 也符合我们的假设，系数为负而且非常的显著，说明高的首付比例说明贷款者有更小的资金约束，因此更加倾向于选择期限较短的贷款。年龄平方项的系数为负，一次项系数为正，表示购房者选择贷款期限随着年龄的增长先增加然后下降，其拐点约在 28 岁 $[0.864/2 \times 0.015 \approx 28]$，即从 28 岁开始，在长短期利差给定的情况下，越来越多的购房者选择短期贷款。因为从现实的角度来讲，大部分人在 22 ~ 24 岁大学毕业，经过几年的工作，有了一定的储蓄而且工作状态也逐渐稳定下来，而且在我国，26 岁对于大部分人来讲也是一个适婚的年龄，随着自己储蓄、工资的不断增加，再加上父辈给予的部分资产，他们的支付能力逐步提高，从而在选择贷款期限的时候更加倾向于选择短期贷款。通过对这两个变量作异方差稳健的 F 检验可以发现，年龄和年龄平方项是联合显著的。第二次回归中我们扩大了样本量，得到的最终结果的显著性水平和第一次回归基本一致，更进一步说明了利率的调整对购房者选择贷款期限的决策有显著影响效应。

表2.3　　　　长短期贷款利差对贷款期限的影响①

被解释变量 解释变量	T5 （商业贷款）	T_{it} （商业贷款）	T5 （公积金贷款）	T_{it} （公积金贷款）
ΔMR_t	-0.837 ** (0.342)	-6.875 *** (2.545)	-0.186 (1.074)	-0.142 (6.746)
Wage	-0.103 *** (0.011)	-1.611 *** (0.081)	-0.007 9 (0.055)	-0.946 ** (0.412)
DPR	-0.564 *** (0.044)	-16.77 *** (0.326)	-1.007 *** (0.181)	-13.73 *** (1.293)
T	0.020 8 * (0.011)	0.212 *** (0.078)	0.038 2 (0.031)	0.685 *** (0.230)
Age	0.864 * (0.525)	33.91 *** (3.979)	1.983 (3.053)	-5.502 (20.140)
Age^2	-0.015 2 ** (0.007)	-0.726 *** (0.056)	-0.042 8 (0.039)	-0.34 (0.262)
Female	-0.054 4 *** (0.012)	-0.824 *** (0.076)	0.027 5 (0.051)	-0.571 * (0.337)
Constant	-1.419 (1.256)	3.714 (8.603)	-5.37 (5.229)	-81.77 ** (38.260)
Observations	4 699	14 248	367	722
R - squared	0.176	0.328	0.223	0.442

注：（1）***、**、*分别表示1%、5%、10%的显著水平；（2）圆括号中的数字为稳健的标准误差；（3）表中的前两列分别为3~10年商业性贷款数据回归的结果和全部商业性贷款数据回归的结果，后两列分别为3~10年公积金贷款数据回归的结果和全部公积金贷款数据回归的结果；（4）为了可视性我们对Age、Age^2以及t三项的数据分别除以100进行回归。

---

① 同时，对于T5（商业性贷款）的回归我们也采用了Proit和Logit模型进了回归，经过转换两者ΔMR_t系数的结果与LPM模型的回归结果基本相符。而且我们还把30%的人群进行了单独的回归，其结果也进一步证实了我们的结论。

对第一次和第二次回归结果的一个担心是内生性的问题，我们得到的利率差和贷款期限显著负相关是否由模型未控制的其他因素（比如政府的其他宏观调控等）引起的？为解决这个问题，我们在第三次和第四次回归（表2.3中的第3和第4列）中对公积金贷款者单独进行估计并作为对比。由于公积金贷款的长、短期利率差在这几次利率调整中都是恒定的，因而如果不存在严重的内生性问题，那么长、短期公积金贷款的购房者比例应该是不变的；但是如果内生性的问题严重，那么对公积金贷款者的回归参数可能和普通贷款者的结果相似，也是显著的。实际结果表明：虽然利率差（ΔMR_t）系数的符号和普通贷款者相同，但数值小很多，而且统计上不显著。我们的结论是：内生性问题也许存在，但它带来的影响可能是可以忽略的。

以上的结果间接地反映了长、短期利率的变化都对消费者有显著的影响。为了更直接地回答这个问题，我们把模型稍微变动了一下，直接把长期利率和短期利率放入回归模型（去掉利差和平均利率水平）。通过回归结果（见表2.4）我们发现，无论是长期利率（LMR）还是短期利率（SMR），对购房者的作用都存在着显著的影响而且效果很相近（只是方向相反）：如果长期利率增加1个百分点而短期利率不变，购房者选择长期贷款的概率将减少0.81；如果短期利率增加1个百分点而长期利率不变购房者选择长期贷款的概率将增加0.86。相比较，长短期利率对公积金贷款者的作用是与普通贷款者相反而且都不显著，同时也进一步消除了对内生性问题存在的担心。这个发现对澄清文献中的长短期利率哪个重要的争论（Liang、Cao，2007；丁晨、屠梅曾，2007）有一定的借鉴意义。

表 2.4　　　　　长短期贷款利率对贷款期限的影响①

被解释变量 解释变量	T5 （商业贷款）	T_{it} （商业贷款）	T5 （公积金贷款）	T_{it} （公积金贷款）
LMR	-0.814 ** (0.376)	-7.298 *** (2.755)	0.242 (1.424)	2.832 (7.918)
SMR	0.859 *** (0.319)	6.452 *** (2.411)	0.004 69 (1.148)	-0.790 (6.642)
Wage	-0.103 *** (0.010 8)	-1.611 *** (0.080 7)	-0.006 98 (0.059 4)	-0.940 ** (0.397)
DPR	-0.564 *** (0.044 4)	-16.77 *** (0.326)	-1.009 *** (0.176)	-13.75 *** (1.221)
T	0.020 8 * (0.011 3)	0.212 *** (0.078 2)	0.019 9 (0.052 0)	0.540 * (0.308)
Age	0.864 * (0.525)	33.91 *** (3.979)	1.826 (3.066)	-6.216 (19.59)
Age^2	-0.015 2 ** (0.007 07)	-0.726 *** (0.055 5)	-0.041 0 (0.039 0)	-0.331 (0.260)
Female	-0.054 4 *** (0.011 6)	-0.824 *** (0.076 0)	0.024 7 (0.051 8)	-0.593 * (0.343)
Constant	-1.419 (1.256)	3.714 (8.602)	-3.671 (6.717)	-68.83 * (40.75)
Observations	4 699	14 248	367	722
R - squared	0.176	0.328	0.224	0.443

注：（1）***、**、*分别表示1%、5%、10%的显著水平；（2）圆括号中的数字为稳健的标准误差；（3）表中的前两列分别为3~10年商业性贷款数据回

----

① 同表2.3的回归一样，我们在此也对T5（商业性贷款）采用了Proit和Logit模型进行了回归，经过转换者 ΔMR_t 系数的结果与LPM模型的回归结果基本相符。

归的结果和全部商业性贷款数据回归的结果，后两列分别为3~10年公积金贷款数据回归的结果和全部公积金贷款数据回归的结果；（4）为了可视性我们对 Age、Age^2 以及 T 三项的数据分别除以100进行回归。

为了进一步验证人们受贷款利率变化的短期和长期变化趋势的影响差异，我们又对利率的增幅①作为主要的解释变量，采用同样的方法进行了回归（回归结果见表2.5）。表2.5中的 $\Delta\Delta MR_t$ 代表长短期贷款利差的增幅，其控制变量与第一类回归中的相同，但结果与表2.3相比，对于我们特别关心的 $\Delta\Delta MR_t$ 的系数，无论是对 $T5$ 还是对 T_{it} 都没有显著的影响，说明对于贷款者而言，其贷款行为并没有受到利差的长期变化趋势所影响，虽然，表2.5中利差增幅对 T_{it} 影响系数为正，但在统计上并不显著，因此并不会对我们的结论产生干扰或者负面影响。之所以利差增幅的影响系数为正与我们的预期有所不同，可能是因为我们的样本量太小，以至于无法充分准确的度量增长幅度这样小的变化数量对于贷款行为的影响。

让我们很欣慰的是，通过表2.4的结果我们很清晰地看出，央行利率政策的变化确实对购房者的贷款行为产生了很显著的影响，通过与表2.5的对比我们可以看出，购房者的贷款期限的决策对短期利差的变动非常敏感，而对于利差长期的增幅变动并不关注，也就是说贷款人的决策主要受到短期利率政策的影响，而对央行长期利率的变动趋势并不关心。

---

① 比如计算2005年3月17日相对于2005年1月1日变化的增幅为：$(5.51 - 5.27)/5.27 - (5.31 - 4.95)/4.95$

表 2.5　　长短期贷款利差的增幅对贷款期限的影响

被解释变量 解释变量	T5 （商业贷款）	T_{it} （商业贷款）	T5 （公积金贷款）	T_{it} （公积金贷款）
$\Delta\Delta MR_t$	−0.316 （0.567）	6.519 （4.975）	−0.008 73 （0.907）	−2.619 （6.464）
Age	0.709 （0.532）	31.50 *** （4.151）	2.928 （2.553）	−7.799 （18.44）
Age^2	−0.013 4 * （0.007 19）	−0.702 *** （0.058 1）	−0.049 8 （0.032 4）	−0.285 （0.233）
T	0.005 27 （0.010 9）	−0.03 （0.072 5）	0.023 7 ** （0.011 4）	0.089 2 （0.083 3）
DPR	−0.481 *** （0.075 4）	−14.66 *** （0.539）	−0.662 ** （0.31）	−2.41 （2.815）
Female	−0.033 2 *** （0.011 5）	−0.581 *** （0.076 7）	0.031 5 （0.048 7）	−0.172 （0.341）
Constant	−0.312 （1.32）	24.01 *** （9.264）	−3.311 * （1.908）	5.694 （13.92）
Observations	4 699	14 248	367	722
R − squared	0.053	0.303	0.095	0.325

注：（1）***、**、*分别表示 1%、5%、10% 的显著水平；（2）圆括号中的数字为稳健的标准误差；（3）表中的前两列分别为 3~10 年商业性贷款数据回归的结果和全部商业性贷款数据回归的结果，后两列分别为 3~10 年公积金贷款数据回归的结果和全部公积金贷款数据回归的结果；（4）为了可视性，我们对 Age、Age^2 以及 T 三项的数据分别除以 100 进行回归。

2.5 稳健性检验

为了进一步验证我们文章结论的重要性,在模型的回归中我们对工资这个变量的使用进行了一些小的改动。之所以这样操作,是因为人们购房贷款时所用上报的工资与其实际收入可能存在很大的误差,进而导致模型的估计偏误。尽管我们在之前的分析当中认为,无论购房者是否真实的填报了工资水平,但根据我们国家银行贷款的审核制度贷款额和工资是成正比的,从理性人的角度出发,至少这个工资水平能够在很大程度上反映其还款的水平。但是,为了避免模型偏误问题的存在,消除我们对以前回归结果是否正确这一疑虑,我们还是对此进行稳健性水平的检验,具体的做法为:我们把工资这一变量去掉,加入购房者的还款能力,等于"还款额/工资水平",其值越小则还款能力越强。另外,我们还控制了样本区间之内的全国房地产月度价格指数的增幅①(Index Growth),加入此变量的目的是要控制由于我国整体的房地产发展趋势对于个人贷款行为所产生的影响。其余变量不变,回归结果如表2.6所示。

从回归的结果来看,与之前存在工资这一变量的回归结果相比,只是在系数上存在少许的差异,但是显著性水平没有任何的变化。利差每增加0.1个百分点购房者选择6～10年贷款的可能性增加7.5个百分点,说明央行的货币政策的变动对于购房者选择贷款期限的长短确实起到了实质性的影响作用,也进一步验证了我们提出的相对于期限较短的贷款而言期限越长相对付出的利息成本越高从而购房者更加倾向于选择期限较短的

---

① 数据来源:中经网统计数据库。

贷款的假设。此外，年龄和年龄的平方表示的是购房者随着年龄的变化对于贷款时间长短选择行为的变化，从回归的结果可以看出，年龄平方为负，一次项为正，表示的是购房者选择贷款期限随着年龄的增长先增加然后下降，对于 T_5 而言拐点为 $[0.69/2 \times 0.013\,1 \approx 26]$，约为 26 岁，与之前的 28 岁回归结果基本相似。再者，从还款能力的系数来看，虽然并不显著，但其系数为正数也就是说工资水平越高越倾向于选择短期贷款，这符合我们的假设，这一点也较为符合我们起初的假设。新加入的 Index Growth 也存在同样的问题，虽然在第三次和第四次回归中显著为负，但在第一次和第二次回归基本都不显著。

表 2.6　　　　长短期贷款利差对贷款期限的影响

被解释变量 解释变量	T5 （商业贷款）	T_{it} （商业贷款）	T5 （公积金贷款）	T_{it} （公积金贷款）
ΔMR_t	-0.751 *** (0.243)	-6.077 *** (1.267)	-0.244 (0.909)	-0.463 (5.942)
Age	0.69 (0.532)	31.38 *** (4.148)	3.004 (2.577)	-9.485 (18.57)
Age^2	$-0.013\,1$ * (0.007\,19)	-0.700 *** (0.058)	$-0.050\,9$ (0.032\,7)	-0.261 (0.235)
Ability	0.000\,492 (0.024\,5)	0.575 *** (0.165)	0.007\,61 (0.128)	4.222 *** (1.258)
T	0.014\,8 (0.011\,4)	0.127 (0.079)	0.023\,3 ** (0.009\,35)	0.120 * (0.068\,8)
DPR	-0.483 *** (0.075\,2)	-14.65 *** (0.539)	-0.667 ** (0.31)	-2.281 (2.827)
Index growth	-2.811 (2.452)	-12.79 (16.66)	-9.749 * (5.638)	-123.0 *** (36.11)

表2.6(续)

被解释变量 解释变量	T5 (商业贷款)	T$_{it}$ (商业贷款)	T5 (公积金贷款)	T$_{it}$ (公积金贷款)
Female	-0.034 0 ***	-0.583 ***	0.031 1	-0.15
	(0.011 5)	(0.076 7)	(0.048 4)	(0.341)
Constant	-1.38	2.512	-3.193 **	-0.458
	(1.264)	(8.719)	(1.587)	(11.78)
Observations	4 699	14 248	367	722
R - squared	0.054	0.304	0.095	0.325

注：(1) ***、**、* 分别表示1%、5%、10%的显著水平；(2) 圆括号中的数字为稳健的标准误差；(3) 表中的前两列分别为3~10年商业性贷款数据回归的结果和全部商业性贷款数据回归的结果，后两列分别为3~10年公积金贷款数据回归的结果和全部公积金贷款数据回归的结果；(4) 为了可视性我们对 Age、Age^2 以及 T 三项的数据分别除以100进行回归

与表2.6的做法一样，我们又对长短期利差的增幅对贷款期限的影响进行了回归，其结果如表2.7所示。从回归的结果来看，与表2.5相比基本上只是存在系数大小上的差异，而各变量的回归显著性水平并没有产生很大的变化。这也进一步验证了购房者的贷款期限的决策对短期利差的变动非常敏感，而对于利差长期的增幅变动并不关注这一现象的存在。

表2.7　长短期贷款利差的增幅对贷款期限的影响

被解释变量 解释变量	T5 (商业贷款)	T$_{it}$ (商业贷款)	T5 (公积金贷款)	T$_{it}$ (公积金贷款)
$\Delta\Delta MR_t$	-0.236	5.122	-0.004 16	-1.913
	(0.421)	(3.926)	(1.127)	(5.364)
Age	0.526	16.20 ***	1.929	-6.227
	(0.352)	(4.782)	(2.035)	(10.39)

表2.7(续)

被解释变量 解释变量	T5 (商业贷款)	T_{it} (商业贷款)	T5 (公积金贷款)	T_{it} (公积金贷款)
Age^2	-0.010 6 * (0.005 12)	-0.623 *** (0.071 4)	-0.063 6 (0.044 2)	-0.198 (0.211)
Ability	0.001 286 (0.022 3)	0.441 *** (0.053)	0.007 94 (0.139)	3.942 *** (1.341)
T	0.004 75 (0.012 5)	-0.021 9 (0.083 7)	0.027 5 ** (0.012 4)	0.091 2 (0.096 4)
DPR	-0.523 *** (0.065 9)	-10.21 *** (0.408)	-0.726 ** (0.36)	-1.97 (2.901)
Index growth	-0.269 (-2.173)	15.28 (-15.12)	-9.207 * (-5.209)	-121.9 *** (-36.2)
Female	-0.033 6 *** (0.011 7)	-0.579 *** (0.072 1)	0.031 8 (0.049 3)	-0.192 (0.387)
Constant	-0.309 (1.36)	19.17 *** (8.348)	-4.025 * (1.894)	5.782 (14.19)
Observations	4 699	14 248	367	722
R - squared	0.068	0.305	0.107	0.332

注:(1) ***、**、* 分别表示1%、5%、10%的显著水平;(2) 圆括号中的数字为稳健的标准误差;(3) 表中的前两列分别为3~10年商业性贷款数据回归的结果和全部商业性贷款数据回归的结果,后两列分别为3~10年公积金贷款数据回归的结果和全部公积金贷款数据回归的结果;(4) 为了可视性,我们对 Age、Age^2 以及 T 三项的数据分别除以100进行回归。

2.6   本章小结

本章利用成都市房地产的实际微观交易数据，从贷款利率的变化对购房者贷款期限选择影响的角度，实证检验了房贷政策的变化（尤其是利率的变化）对房地产市场微观层面的影响效果。结果我们发现，长期贷款与短期贷款之间的利差与贷款期限之间存在显著的负相关关系，即随着利差的增大购房者更加倾向于选择短期贷款。同时，为了排除对模型内生性问题的担心，我们利用"自然实验"的方法，把公积金贷款者作为一个"参照组"，商业性贷款作为"处理组"，结果显示，利差的变化并没有对公积金贷款者的决策产生影响，从而我们得出结论：内生性问题也许存在，但它带来的影响小于我们发现的普通商业性贷款者对利率差的反应。进而，为了更直接的回答长、短期利率变化对消费者的影响，我们分别检验了长期利率和短期利率的单独效果。从而得出无论是长期利率还是短期利率，对购房者的决策都存在着显著而且程度相近的影响。

同时我们还得出结论：购房者贷款期限的决策对于利差长期的增幅变动并不关注，也就是说贷款人的决策主要受到短期利率政策的影响，而对央行长期利率的变动趋势并不关心。最后，为了进一步使得我们的结论更加具有说服力，消除工资这一因素对结果有可能产生的回归问题，我们把工资变量更换为用购房者的还款能力，然后通过回归我们仍然能够得出与之前相同的结论。从而验证了我们本部分结论的稳健性。

对于首付款政策而言，在我们的样本区间内总共变化了两次，但我们研究发现，中央政府对于首付款比例的规定并没有起到预期的作用：由于地方政府为了拉动国内生产总值的增长以及财政工资不断增加，存在着违背中央政府政策的动机，再加上首付比例政策措辞模糊，因此政策的出台只具有指导性的意义，而对地方政府和地方贷款银行实际操作的约束力很弱，从而政策并没有产生预期的效果。

综上所述，从利率的变动对普通购房者贷款期限选择的角度来看，中央利率政策的实施对房地产市场中的消费者有明显的影响。在政策层面上，政府应该进一步注重通过利率手段对房地产市场进行调整。此外，在规定总体利率水平的同时，合理的拉开长短期贷款的利率差距，有效的引导微观个体贷款期限的选择。而对于所出台的其他政策（如首付比例）的规定应该进一步细化，尽量避免由于措辞模糊而导致约束力弱化的现象。与此同时，进一步加大对地方政府和地方商业银行贯彻执行中央政策力度的监控，规范地方政策执行机构的具体实施行为，进而保证政策实施的有效性，以促进我国房地产市场健康稳定的发展。

3 地震与住房消费行为
——来自成都市的实证调查

3.1 引言

2008 年 5 月 12 日，我国四川省汶川发生了里氏 8.0 级大地震，震级之高、波及的范围之广可谓历史罕见。地震造成了数以万计的人员伤亡和巨大的财产损失，很多产业（比如房地产业、运输业、制造业等）受到了不同程度的负面影响，本书研究的焦点为房地产业。

每次重大的"自然灾害"（洪水、地震、火山爆发等）都会给人类社会带来巨大的财产损失和生命危险，其中地震更是会对地面附属物造成严重的破坏。据统计，汶川"5·12"特大地震，造成直接经济损失约 8 451 亿元人民币，共 69 225 人遇难，374 643 人受伤，失踪 17 939 人，① 仅房屋建筑类（包括住

---

① 此数字是截至 2009 年 4 月 25 日的汇总情况，而四川省政府在 2009 年 5 月 7 日通报汶川特大地震灾后重建情况的报告中透露的数据，仅四川省就有 68 712 名同胞遇难，17 921 名同胞失踪。因此，总数可能还有待于进一步的确认。

房和非住房类建筑）损失就占据总经济损失的 47.4%，高达 4 040 亿元人民币。如此重大的损失和人员伤亡在新中国的历史上都是罕见的。继"5·12"地震之后，印度尼西亚、巴基斯坦、日本、伊朗、意大利等国家和地区也相继发生了较为严重的地震。进入 2010 年以来，全球的地震更为频发。根据统计，自 2010 年 1 月 1 日起，全球共发生 18 次 5.0 级以上的地震，2010 年 2 月 27 日智利康塞普西翁省附近更是发生了 8.8 级的强烈地震。此外，2010 年 1 月 12 日海地发生的 7.3 级地震，更是造成了几十万人的伤亡和 1/3 的海地人口的流离失所①。

鉴于房地产业对于一国（地区）经济发展的重要性，尤其是在我国当下房地产业显然已经成为国家经济发展的支柱产业之一。因此，有关地震对房地产市场影响的相关研究是各国（地区）制定灾后相关重建政策所必需的参考依据，在此阶段对此问题进行深入细致的研究实有必要。针对地震对房地产市场的影响这一问题，本章的研究与以往相关文献只是从地震对房价影响研究的角度不同，我们从观测地震对楼层价格影响的方向入手，去寻求地震对人们购房偏好的影响。

我国的房地产业自 1998 年住房改革以来得到了飞速的发展，但随之而来的是房价的不断攀升，部分地区出现过热现象。因此，国家出台大量的行政和金融政策来调控房地产市场。直至 2008 年中期，政策的累计效果开始发挥作用，再加上部分地区受地震的影响，房地产市场趋于变冷，交易量不断下降，形成了有价无市的局面。鉴于房地产业对我国国民经济增长拉动的重要作用，自 2008 年 9 月 15 日至 12 月 23 日中国人民银行 5 次降息，而且中央以及地政府也相继出台了包括：延迟地价款

---

① 更多相关信息请查询"中国地震信息网"：http://www.csi.ac.cn/man-age/html/4028861611c5c2ba0111c5c558b00001/index.html.

的付款期限、购房税收减免、购房补贴等一系列的救市政策。那么地震以及政府的各种救市政策对潜在购房者的住房消费行为有什么样的影响？根据这些影响，相关政府部门以及企业应该采取什么样的方式予以应对？我们通过问卷调查和数据统计的方法对于上面的几个问题给予充分的回答。

针对自然灾害及疫病（包括地震、洪水、飓风、传染性非典型肺炎等）对房地产市场影响的研究，在国外已有部分研究成果，综合来看，他们关注的焦点主要是利用房地产实际交易数据，集中研究灾害对房地产价格（Wills、Asgary，1997；Grace Wong，2008）以及土地价格（Nakagawa 等，2007）的显著影响。此外，也有学者通过问卷调查的方式研究地震对相关房地产投资机构的影响（Weaver，1990），但至今并没有文献针对自然灾害对消费者行为的影响进行过研究。因此，我们相信此部分的调查研究得到的直观结论无论从学术的角度，还是从相关实际操作部门决策制定的角度考虑都会有一定的贡献和借鉴意义。

3.2　研究对象与研究方法

2008 年 9 月至 11 月，我们对成都市中心城区以及温江、双流、郫县三个郊区市县，按年龄和性别进行分层随机抽样调查，共发放问卷 800 份，回收问卷 786 份，回收率为 98.3%，有效问卷 728 份，有效率 92.6%。为了能够和地震之前的相关调查研究（成都房地产经济与管理研究会，2007）相对比，我们发放问卷的数量、调查方法以及问卷设计的部分问题与之前的问卷调查基本相同。同时，为了更好的反应地震与现行的救市政策对购房者住房消费行为的影响，我们从有效问卷中筛选出选择"近三年内有购房意向"的被调查人进行整理分析，共560人。其中，20岁以下7人，占调查对象的1.3%；20~25岁98人，占17.5%；26~30岁246人，占43.93%；31~40岁132人，占23.57%；41~50岁51人，占9.11%；50岁以上26人，占4.64%。从受教育程度来看，"高中以下"75人，占比13%；"专科"171人，占比31%；"本科"289人，占比52%；"硕士"20人，占比4%；"博士"5人，占比1%。男性的调查对象301人，占比53.75%；女性259人，占比46.25%。

调查数据显示，"5·12"地震对潜在购房者住房消费的影响不像我们预期的那么大，57%的被调查者认为地震并没有对其购房计划产生影响，43%的人认为地震推迟了其购房计划。而让我们感到意外的是，对政府出台的救市政策，53%的购房者"知道"此类政策的出台，但对政策细节并"不了解"，1%的人"不知道"相关政策的出台。具体的分析结果如下。

3.3 调查结果与分析

3.3.1 震后购房者对未来房价的预期

结果显示，虽然国家近期出台了大量的救市政策，但由于地震及全球金融危机对我国经济的不利影响使得大部分购房者对房地产市场的发展前景仍持悲观态度，有54%的购房者认为房价会下跌，其中多数购房者认为房价涨跌幅在10%以内，21%的购房者认为未来房价的跌幅在5%~10%以内，18%的购房者认为未来房价的跌幅在5%以内，15%的购房者认为房价的跌幅将在15%以上。2007年年初的调查结果显示71%的认为房价将会上涨，认为下跌的人仅占6%，两次的调查结果差异明显。此外，本次调查还显示，认为房地产市场变化对购房计划有影响的购房者比例占48%，其中持币观望购房者占45%，对房产市场不看好而转向其他投资的占3%。

3.3.2 地震对成都"宜居形象"的影响

对"震后成都是否宜居？"这一问题的回答，有518人选择"依然宜居"，占比93%。选择"不宜居"的有42人，占比7%。说明虽然成都经历了"5·12"汶川地震，但人们对成都未来的发展依然充满信心。此外，对成都"宜居理由"的调查结果显示，32%的购房者认为成都适合居住，且今后的宜居价值将得到更大的提升；27%的购房者对成都未来社会经济发展依然充满信心；24%的购房者认为地震对成都影响不大，"宜居城市"地位未受到影响；17%的购房者认为成都未来投资潜力大。从而可以看出，纯外生而且发生概率极小的自然灾害并不会对一个城市的形象造成很大的负面影响。

3.3.3 地震对潜在购房者住房消费行为的影响

（1）从"5·12"地震对购房者购房计划的影响来看，其影响力不像我们预期的那么大，57%的购房者认为地震并没有对其购房计划产生影响，而且在不同的时间段内的调查结果也显示出，地震对购房者的影响随着时间的推移正在不断地弱化。但总体来看仍有43%的购房者由于地震的原因推迟了其购房时间，在这部分人中，对地震之前已建成待销售或者地震时在建的楼盘，59%的购房者由于地震的原因对其房屋的建筑质量心存忧虑，等待购买具有抗震设计的房屋；41%的购房者认为地震会导致房价的下降，等待新的购房时机。

（2）虽然地震之后半数以上的购房者并没有改变其购房计划，但从地震对购房者选择楼层的影响角度来看，影响较为明显。由于地震所产生的强烈震感，69%的购房者优先考虑购买低密度和低楼层的房屋，在这部分人当中有约78%的人在地震之前选择"偏好高层电梯公寓"，而由于地震的原因转变了其原来的购房偏好更加倾向于选择"低密度、低楼层"的房屋，其理由几乎都选择为"居住安全"。另外，31%的受调查者认为都再次发生地震的概率很小，因此楼层不是自己选择楼房的主要因素。

（3）调查显示，高抗震楼房成为购房者购房选择的主要因素之一。虽然地震对购房者的影响随着时间的推移正逐步弱化，但对于部分购房者来说，仍然愿意选择抗震烈度高的商品房。46%的购房者在选购房屋时，会把抗震烈度作为购买的主要因素，主要原因在于购房者认为提高抗震烈度后，房屋安全性更好。54%的购房者在选购房屋时并不会把抗震烈度作为选购房屋的重要因素。其中，28%的购房者表示，不会专为抗震要求而购房，主要还是考虑楼盘本身的配套、环境等因素；23%的购房者认为成都再次发生地震的概率小，目前7度设防的标准已足够；此外4%的购房者则不愿意选择提高抗震等级的房屋，认为提高抗震烈度增加的建筑成本会转嫁给购房者。

3.3.4　购房者对政府出台的相关救市政策的认识

（1）通过调查我们发现，53%的购房者"知道"救市政策的出台，但对政策细节并"不了解"，40%的人"知道"并"了解"过政策优惠细节但对这些政策细节的规定感觉并"不清晰"，仅有6%的人"知道"、"了解"并且认为政策的详细规定"清晰"，1%的人"不知道"相关政策的出台。而且调查还发现，随着受教育程度的提高，人们获取信息的能力逐步增强，学历越高，对政策的跟踪与了解更加详细和清晰。

（2）对于所有"了解"政府相关优惠政策细节的购房者中，32%看重购房补贴，25%看重契税补贴，说明这两项优惠政策对购房者的影响更为直接，其原因我们认为，这两项优惠政策对购房者享受优惠的限制少，只要消费者购房，政府就会给相应的补贴，没有其他的条件限制，从而更大程度上刺激了购房者的潜在需求。19%的购房者看重公积金购房调整政策，此政策的调整，降低了公积金贷款购房的门槛，变向地提升了购房者的购买能力。由于个人所得税补贴、申购经济适用房、限价房有较为严格的规定，因此，受购房者青睐的程度较低，仅10%的购房者看重个人所得税补贴，14%的购房者看重申购经济适用房、限价房的补贴，这也可能与被调查者的收入水平有关。

（3）调查数据显示，54%的购房者会选择在政策期间购房，他们认为政府再次出台类似的优惠政策几率很小，而对于普通家庭而言，此类政策的出台是难得的购房时机。23%的购房者则认为房价将会进一步下降，即使自己选择的购房时机不在政策优惠限制的期限之内，随着时间的推移很多楼盘促销折扣将会加大，自己实际购买价格会进一步下降，从而比从政府出台的优惠政策中得到的实惠更多，因此在目前市场整体环境低迷的情况下，政府的政策优惠作用不大，暂缓购房计划。

另外，13%的购房者认为优惠政策的出台对其购房计划无影响，并不会因为政府的优惠政策而提前购房；10%的购房者本身就打算近期买房，与政府的优惠无关。

可见，优惠政策的出台对大多数的购房者而言是一利好消息，并且愿意在优惠期间购房，说明政府出台的救市政策还是受到购房者的普遍欢迎和认同。

3.3.5 开发商优惠策略对购房者的影响

调查结果显示，48%的购房者认为开发商推出的"特价房源策略"以及"购房打折"等优惠政策对他们购房选择有影响，如果优惠大，会考虑提前购买。27%的购房者认为开发商推出的"特价房源"优惠不过是开发商的噱头而已，且"特价房源"多数是一些房型、环境、朝向较差的产品，因此只选择"购房打折"。其余25%的购房者明确表示对此营销策略无所谓，他们购房主要是注重产品本身的质量、品质。从而看出，购房者对开发商提出了更高的要求，除了价格还要尽力打造优质的产品。

3.3.6 地震后影响购房决策因素的变化

为了更好地了解"5·12"地震之后影响购房者购房决策的因素，并与以前的相关研究进行对比进而发现其变化，我们在调查问卷中设置了12个与以前调查一样的问题（具体见图3.1）。通过分析我们发现，在目前市场环境下价格仍然是购房者最看重的因素，占比27%。其次，受地震的影响，建筑质量在本次调查中受到了特别的重视，由2007年的13%提高到2008年的20%，与前面调查的46%购房者都偏好震后修建的高抗震烈度房屋相吻合。除此之外，消费者对开发商品牌的关注也比以前有所提高，可能此类购房者认为品牌好的开发商所建房屋质量以及其他服务质量，相比其他小型开发商会更高一些。其他因素受关注的程度并没有显著性的差距。

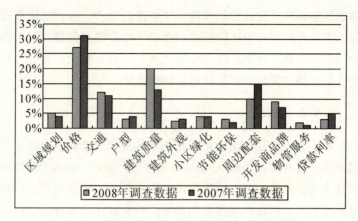

图 3.1　影响购房者因素对比图（2007 与 2008）

3.4　本章小结

3.4.1　结论

通过此次调查发现，地震发生之后大部分购房者对房地产市场的发展前景仍持悲观态度，近半数以上的受调查者认为房价将会进一步下跌，与地震发生之前的调查数据（71% 的认为房价将会上涨）对比差别明显。尽管地震之后中央以及地方政府采取了一系列的救市政策，但这些政策并不能被大多数人"了解"，说明政府政策的出台所产生的效果具有很大的时滞性。虽然地震对成都的"宜居形象"以及半数以上受调查者的购房计划并没有造成很大的影响，但从调查结果发现，人们的购房偏好和购房选择因素有了很大的改变，比如对所计划购买房屋的楼层与地震之前有了显著的变化，由原来偏好高层电梯公寓转为偏好低密度、低楼层的房屋。此外，购房者对所购房屋的建筑质量以及开发商的品牌提出了更高的要求,特别是建筑质量,在本次的调查中比以前的调查有了非常明显的提高。从而可以看出,地震对于人们"买不买房"并没有很大的影响,但对人们选择"买什么样"的房屋影响显著。

3.4.2 建议

(1)从政策层面上,由于过半数的被调查者对政府所出台的救市政策并"不了解",说明政府今后需要进一步加大政策的宣传力度,同时,对于政策的规定给予简单明确的解释,做到让购房者真正明白每项政策的细节,只有这样才能有效发挥政府宏观调控的作用。此外,价格仍然是消费者购房最为关心的因素,且多数人都预期房价将会进一步地下降。在我们看来,价格的适度回落是房地产业自我调整的结果,再加上此轮房地产的调整和整体的宏观经济形势以及美国次贷危机的影响,购房者对价格下降预期有其合理性。政府调控房地产产业的前提是要遵循市场经济以及产业发展的规律,进而解决市场失灵的问题。政府的"作为"应该是避免房价的大起大落,有效引导购房者的住房消费行为。

(2)通过地震之后的调查发现,人们的住房消费行为有了一定的变化,比如对于房屋楼层的选择、对房屋抗震能力、建筑质量的要求等。因此,对开发商而言,要改变以前的楼盘设计策略、营销策略,以及定价标准。同时,开发商要有品牌意识,应该通过提供更好的物业服务质量、更先进的房屋设计等方式来打造自己的品牌。

4 房地产市场中"反应过度"现象的经验证据

——来自"汶川地震"灾区房地产市场的微观证据

4.1 引言

中国的房地产市场自 1998 年以来迅速发展，平均房价快速上涨，全国商品房平均销售价格由 1999 年的 1 857 元/平方米，上升至 2008 年的 3 919 元/平方米①，十年间涨幅超过了 100%。其中部分大中型城市的上涨速度与全国平均水平相比，更是有过之而无不及。如此大幅度的上涨现象，引起了社会各界的关注，同时中国政府也频频出台各种调控措施来稳定房价。然而，政策的出台往往起不到"稳定"的作用，调控的结果经常会出现两种现象，一种是房价"越调越涨"，特别是在那些价格上涨较快的城市（吴璟，2009），另一种现象是政策的出台往往会导

---

① 数据来源：《2008 年全国主要城市地价状况分析报告》。

致房价产生大起大落的变化。比如 2007 年我国的房地产市场泡沫现象较为严重，政府开始着手对房市进行调整，连续下发了 359 号文件和 452 号文件①，引起了房地产市场的强烈反应。以深圳、广州为代表的全国多数大中型城市房价快速回落，"70 个大中城市房屋交易价格指数"（图 4.1）显示，自 2007 年 11 月份我国的房地产价格开始有明显的下降，且相比 10 月份，11 月份和 12 月房价下降的速度相当之快，此趋势一直持续到 2008 年 12 月份。然而，在国际严峻的经济形势下，为了拉动经济增长，减缓房地产市场疲软的状况，2008 年 12 月 20 日国务院出台《关于促进房地产市场健康发展的若干意见》，在此前后各地也相继出台了不同政策来稳定房地产市场，随即 2009 年 1 月份我国的房价又开始持续上涨（如图 4.1 所示）。从现今学术界的研究来看，对于第一种现象国内的学者有过不少的探讨，而对第二种现象的研究却鲜有所见。

为什么政府的政策会导致市场如此强烈的反应？是完全由政策所致，还是市场对政策产生了"反应过度"？不可否认，政府的政策确实限制了部分购房者的投资行为，但即便如此，在短短的时间内也不足以使得房价有如此大幅度的下降。那么市场对政策的主观反应会不会对房价的波动起到推波助澜的作用？在我们的文献搜索中，这一问题至今没有得到过严格证明的回答。有关市场对各种政策的出台或者信息的披露（此类外生冲击）所存在的反应过度现象，过往的研究主要集中在资本市场上，比如对股票市场（Be Bondt、Thaler，1985）、外汇市场（Ederington、Lee，1993、1995）以及国债市场（Fleming、

---

① 2007 年 9 月 27 日，央行、银监会联合下发《关于加强商业性房地产信贷管理的通知》，即 359 号文件，而后在 12 月 5 日又下发了《补充通知》，即 452 号文件，两文件严格规定二套房的首付比例不得低于 40%，而且明确了以家庭为单位认定其是否为二次购房。

Remolona, 1999）。而在房地产市场中探究"反应过度"的现象，无论是国外还是国内，都未曾出现过。进而，对于此问题的研究，不但能够使得我们进一步深入了解短期内受外界冲击而导致房价大幅波动的内在原因，而且研究的结论也会对政府如何出台有效的调控政策来稳定房价有着很大参考意义。因此，对房地产市场"反应过度"问题的回答和证明无论从理论层面还是从政策层面都具有显著的贡献。

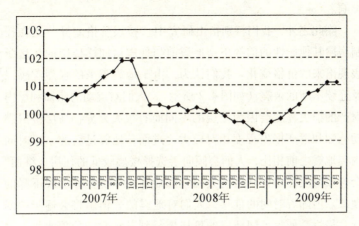

图4.1　全国70个大中城市新建商品房价格环比指数

从实证的角度考虑，如果能够对此问题做很好的求证，我们必须选择一种纯外生的事件来探究其发生前后房价的变化，以此来最大限度地避免实证模型的内生性问题。而此次的"5·12"汶川地震发生给了我们一次这样的机会。因此，本部分采用2008年5月12日汶川地震灾区（成都）的住房交易数据，重点通过地震前后楼层价格差异，来探究在房地产市场中所存在的"反应过度"，在资本市场上也被称之为"反转效应"（Contrarian）。同时，研究地震的发生对震区住房价格的影响。

之所以选择地震作为研究的素材，是因为作为纯外生的

"自然实验"——地震的发生，可以使得我们通过实证模型更加准确的度量"反应过度"这一现象。而且我们采用楼层作为观测的变量对实证研究也有很大的好处：其一，楼层能够很好地作为我们对地震风险度量的可观测依据；其二，可以消除实证模型中消费者的预期对于震区房价产生的影响，进而导致结果产生偏误的担心，因为我们只是关注楼层之间价格的差异及变化趋势，而消费者对灾区总体房价的预期对此不会产生很大的影响。

除此之外，我们特别指出研究中"楼层价格差异"是在控制房屋其他属性的前提下，地震前与地震后同样楼层的住房所表现出来的价格变化。我们认为，由于地震带来的强烈震感以及连续不断的余震（如图4.2所示），人们对震动的感知和屋内财产的损失程度会因为楼层的不同而有很大差异，高层楼房震动感知和财产损失程度相对较大，进而，地震过后的一段时间内与地震之前相比，人们会倾向于选择楼层较低的住房。继而，会导致低层住房价格出现大幅上涨而高层住房价格出现下降的现象。但随着时间的推移，人们对地震的恐惧感将会逐步的弱化，最终会使得不同楼层的价格恢复到其正常的价值水平，这种由于人们心理的变化而导致的房价"正常—溢价—正常"波动的现象就是典型的"反应过度"（Brooks 等，2003）。这一现象，也将是继雷切尔和滕雷罗（Rachel、Tenreyro，2008）发现房地产市场中存在"季节效应"之后，又一种新的房地产"价格异象"。

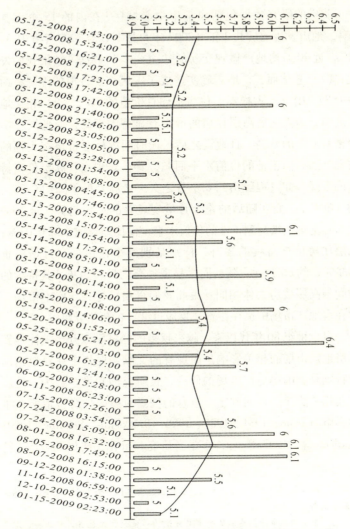

图4.2 "5·12"汶川地震发生后余震走势图（5级以上）①

<hr>

① 相关信息来自于"四川省防震救灾信息网"，网址：http://www.eqsc.gov.cn/manage/html/ff808181126bebda01126bec4dd00001/index.html.

我们的研究数据包括成都市中心城区①在内的 15 个市县区②，地震发生前后共 2 年（2007 年 5 月 1 日至 2009 年 5 月 31 日），近 40 万房地产微观交易的"全样本"数据。结果我们发现：（1）总体而言，地震确实造成了灾区住房价值的下降，约每套 37 210 元，占样本中住房平均总价值的 8%；（2）相比地震之前，地震之后高层住房的价格有显著的下降，而低层住房价格有显著的升高。且地震之后一段时间内楼层价格有大幅的波动，然后向正常的价值水平回归，具体表现在：高层价格持续的下降，此过程经历约 8 个月之久，最高月份下降约 0.8%，约 3 684 元，而在随后的 4 个月呈现显著的反转趋势，至 2009 年 5 月基本上恢复到正常的价值水平，仅比地震前下降 0.07%；低层住房价格持续的攀升，特别是别墅型住房最高月份溢价 26.5%，约 60 万元，随后同样呈现显著的反转趋势，其持续的时间与高层楼房大体相同。由此我们得出结论：与资本市场一样在房地产市场中也存在着"反应过度"的价格异象。

自上世纪 80 年代以来，越来越多的经济学家开始关注地震对房地产市场的相关影响。而现有的文献主要集中在对发达国家特别是美国房地产市场的研究，且研究的角度多数为，地震以及相关法律法规的制定、信息的披露对震区住房价值所产生的影响（Palm，1981、1987、1990；Brookshire、Schulze，1980；Murdoch 等，1993 等）。许多学者研究并量化了美国 SSZs③（特

---

① 成都市中心城区包括 6 个区：武侯区、青羊区、金牛区、成华区、锦江区以及高新区。

② 除中心城市外，其余 9 个市县分别为：崇州、大邑县、都江堰、龙泉驿、彭州、双流县、温江、新都以及郫县。

③ 由于美国加利福尼亚州是地震的多发地区，因此 1974 年加州政府特别划出一个区域设立"特别研究区"以供相关地震的研究者对此区域进行详细的研究，并且政府强制规定在此区域内房屋中介必须告知购房者所购房屋相关的地震风险。

别研究区）的设立对当地住房价值所产生的负面影响，以及人们针对地震风险所采取的风险调整措施（Kunreuther 等，1993；Mileti 等，1992；Lindell、Whitney，2000 等）①。除此之外，还有部分文献研究了地震对地租和土地价格所产生的影响（Naka-gawa 等，2007、2009）；地震对房地产投资的影响（Weaver，1999）；地震对房地产企业、不动产保险公司股票收益率的影响（Shelor 等，1991、1992）。然而，可能由于数据的可得性相对较为困难的原因，地震对发展中国家房地产市场影响的相关研究并不多见。有学者（Willis、Asgary，1997）采用"条件估价法"（Contingent Valuation Method，CVM），研究了伊朗德黑兰地区人们对抗震性房屋所愿意付出的意愿价格，并鼓励政府积极采取相关的减小地震风险措施。还有学者（Önder 等，2004）则利用1995 年和2000 年两年的房地产交易数据，研究 1999 年土耳其科贾埃利（Kocaeli）地震之后，有关地震风险的信息披露对当地房屋价值所造成的显著负面影响。

以上的研究虽然得出了很多有价值的结论，但基本上存在数据样本量偏小的缺陷，或者由于缺乏实际的房地产微观交易数据进而采用调查数据进行研究（Palm，1981、1987、1990；Willis、Asgary，1997；Weaver，1999 等）。因此，导致其研究的结论并不具有很强的说服力，甚至缺乏一定的稳健性与准确性，比如帕姆（Palm）的系列调查研究，其得到的结论受到后来很多研究的质疑甚至推翻（Murdoch 等，1993；McGinnis，2004等）。有学者（Willis、Asgary，1997）在其研究结论中也总结到，更加准确地判断需要采用的实际交易数据进一步检验。与过往研究相比，本研究采用汶川地震灾区近 40 万的房地产微观

① 关于人们针对地震所采取的风险调整措施，林德尔、佩里（Lindell、Perry，2000）进行了非常细致的汇总。

交易数据，利用"特征价格模型"（Hedonic Pricing Model，HPM），针对地震对灾区房地产市场微观层面的影响进行研究。据我们所知，如此大的样本数据在现有的房地产相关研究中还是第一次出现。

有关"反应过度"现象的研究主要集中在心理学与行为金融学领域。心理学家通过心理实验发现，人们在面对不可预测的重大事件时往往会违背贝叶斯法则（Bayes' rule），表现出反应过度的状况（Kahneman、Tversky，1973）。在对"前景理论"（Prospect theory）的分析和证明过程中（Kahneman、Tversky，1979）也同样指出，在缺乏风险学习过程的状态下，罕见事件的发生会导致人们对风险的高估，特别是"高信号事件"（High -signal Events）更容易导致社会对风险的放大（Slovic，1987；Tversky、Kahneman，1992）。而当人们发现一种风险或者事件发生的概率或者再次发生的可能性很小的时候，随着时间的消逝人们会对风险的恐惧有所淡忘（Kreps，1984；Wood 等，1992）。

很多的行为金融学者把心理学研究中相关过度反应的理论与金融分析相结合，来探究由于人们的有限理性，过度悲观或者过度自信的情绪是否会导致金融产品的价格产生波动，以及研究价格波动的趋势，他们把这种反应过度的现象纳入到金融资产"价格异象"的范畴。与心理学家研究不同的是，行为金融学者不仅仅关注人们对风险是否存在高估这一表面现象，而且还通过这种现象的变化趋势来探究人们心理或行为的变化对资产价格所造成的影响，进而推导出其背后的市场有效性问题。

从行为金融学的角度来看，"反应过度"是指在不确定条件下投资者的心理认知偏差造成投资行为的极端反应，面对突然或者未预期到的事件时，过于重视新的信息而忽视老的信息，即使后者更具有广泛性，从而引起股票价格的超涨或超跌，等到投资者理解了事件的实际意义后，价格就会反转，最终恢复到理性的内在价值区间（Barberis 等，1998；陈国进、范长平，2006 等）。在相关的研究中，有的学者（Be Bondt、Thaler，1985）作了最为杰出的贡献，他们通过验证两个假设：①股价极端的变动之后，随后的价格将会向其相反的方向调整；②越大的初始价格变动就会伴随着越大的后续调整。进而肯定了股票市场上存在反应过度的现象，同时也说明股票市场并非有效市场。后来的大量研究（Lehmann，1990；Jegadeesh，1990；Chang 等，1995；Hameed、Ting，2000；王永宏、赵学军，2001 等）在不同的国家股票市场中，也同样验证了这种现象的存在。

　　虽然，以上资本市场的相关研究都证实了反应过度现象的存在性，但他们都是基于可预见性或者可以人为观察到的事件进行研究，而对于不可预见性事件的发生并没有给予特别的关注。有学者（Brooks、Patel、Su，2003）则填补了此方面研究的空白，他们专门搜集到如航空公司飞机坠毁、石油和化工企业工厂爆炸以及部分企业首席执行官和主席的突然死亡等突发性事件对相应的股票价格波动的影响及变化趋势进行了实证研究，进一步对股票市场中是否存在反应过度的现象给予了更加充分的肯定。在他们的研究当中，对于股票价格的变动他们以"分钟"作为观测的时间标准，结果发现，受不良突发性事件影响的公司在 15 分钟后股价下跌 1.60%，在 22 分钟后股价开始有所回升，到事件发生后的 2 个小时股价仅低于事发前价格的 0.14%，股票的价格明显呈现"正常—溢价—正常"的特征。布鲁克斯（Brooks）等人的研究同时也给了我们很有益的启示，因为地震的发生和他们所指的事件一样，也是不可预测的纯随机自然事件，而且相比之下，地震能使得人们更为直接地感知其破坏的程度，甚至相比心理学家所采取的心理实验所观测到的人的行为变化，具有更强的说服力。因此，此次的汶川地震由于其纯外生的本质和所造成的严重后果，给了我们一次非常好的自然实验（Natural Experiment）的机会，来探究房地产市场是否存在反应过度的价格异象。

虽然在文献搜索的过程中，我们发现，有两篇研究自然灾害对房地产市场影响的实证文献曾涉及反应过度的问题：贝隆（Beron 等，1997）研究 1989 年 10 月 19 日美国洛马普列塔（Loma Prieta）地震使当地消费者对风险的感知变化产生的影响，他们发现人们对风险存在高估的现象；有学者（Wong，2008）研究了传染性非典型肺炎（SARS）对香港房地产市场产生的影响，但是作者并没有能够观测出对风险高估的现象，作者将原因归结为房地产市场所存在的市场特征，包括交易成本（Transaction Cost）、信贷约束（Credit Constrains）和损失厌恶（Loss Aversion）。但这两篇文章所指的反应过度仍然仅仅停留在心理学有关人们对风险是否存在"高估"的框架之内，而并没有从行为金融学的角度研究消费者心理（或行为）的变化对住房价格走势变化产生的影响。

相比之前的研究，本章以行为金融学对反应过度问题的研究方法和理论为指导，借助地震灾区 15 个城市 2007 年 5 月 1 日至 2009 年 5 月 31 日的全样本微观交易数据，采用特征价格模型，对地震前后楼层价格的显著差异以及地震之后楼层价格的变化趋势进行观测，进而探究房地产市场中"反应过度"这一价格异象。

之上部分我们把地震对房地产市场影响的相关文献进行了很好的梳理，其中融合了经济学、心理学以及行为金融学的相关研究。本章其余部分结构安排如下：第二部分为数据的描述以及初步的统计观察；第三部分介绍了文章所采用的计量经济模型及实证分析结果；第四部分给出本部分的结论。

4.2 模型的理论基础

根据经济学理论，在假设货币的边际效用不变的情况下，消费者购买各种物品是为了实现效用最大化，消费者为购买一定量的消费品所愿意支付的货币价格取决于他（她）从这一定量的物品中所获得的效用，效用越大愿意付出的价格越高，反之则越低。消费者对住房的消费也是为了实现个人的效用最大化，包括住房的舒适性、可用性和安全性等因素对个人所带来的满足。本部分试图从效用最大化理论的角度出发，寻找住房价格与人们对地震风险感知（或者人们对地震损失概率的主观判断）之间的相关关系。因此，我们选择了由罗森（Rosen，1974）和弗里曼（Freeman，1979）发展而来，以效用最大化为理论基础的特征价格法。此前，这种方法被广泛应用在住房不同的内在或外围特征对住房价格影响的研究当中，如噪音对住房价格的影响（Nelson，1979）；空气质量对住房价格的影响（Harrison、Rublnfeld，1976；Murdoch、Thayer，1988）等。在此，我们也同样认为住房价格是由房屋的不同特征所决定，假设在房地产市场处于供需均衡的状态下，我们把特征价格模型简化为：

$$P = P(A, \Re)$$

其中，P 为房屋价格，A 为房屋内在或外围的各种属性（如室内结构、空气质量等），$\Re$ 为地震对导致损失的可能性。同时，我们假设人是风险的厌恶者，那么风险厌恶者所具有的这种偏好特征，会在一定程度上导致人们愿意付出更高的价格或成本来规避潜在的风险所导致个人收益的降低（或者损失的增加）。正如布鲁克希尔（Brookshire 等，1985）所分析的一样："在面对地震风险时，人们往往采取自我保险的方式来降低在地震中的损失规模。"所可能采取的手段包括：购买地震保险、迁出地震发生地以及购买抗震性能更好的房屋（包括楼层的选择）。但鉴于地震保险在我国现阶段的缺乏以及由于户口、工作、子女入学等现实条件的限制，选择前两种方式的可能很小。因此，选择抗震性较好的房屋是一种可取的选择方式，然而在其他条件不变的条件下，由于楼层的不同所导致的对地震震动的感知和屋内财产的损失程度会有所不同，楼层越高所遭受损失的程度越大，因此，我们利用房屋的楼层作为损失风险程度的考量来替代 $\Re$。从消费者角度考虑，在控制其他条件不变的前提下，震前与震后相比，震后高层的价格会导致损失的可能性增大，而使得购房者对其所愿意支付的意愿价格有所降低，即 $\partial P/\partial\Re$ < 0，而低层的价格会因为损失的风险相对较小而价格有所升高。然而根据一些学者（Kreps，1984 等）对人心理的变化研究，当人们认识到再次发生地震的概率很小，而对地震所造成的严重后果慢慢淡忘之后，$\partial P/\partial\Re$ 的下降趋势会逐步减小，最终在市场均衡的状态下，无论高层还是低层，由于人们对风险主观考量的下降，而最终导致的住房溢价 $\partial P/\partial\Re$ = 0。如果这种价格的变化趋势存在，那么它就与行为金融学中所指的"反应过度"或者说"反转效应"相一致。

4.3 数据及初步统计结果

4.3.1 数据

本章采用的数据全部来自于成都市房地产交易信息系统，包括中心城区在内的 10 个市县区的房地产"全样本"交易数据，总观测值为 387 307 个，时间跨度为 2007 年 5 月 1 日至 2009 年 5 月 31 日，观测值数量为此时间段内 10 个市县区所发生的新建商品住宅交易的全样本数据。在我们提取的数据中，变量包括：买卖签约的时间、房屋所在的区位、环境、房屋所在的城市、房屋的总价格、交易房屋的类型（期房或者现房）、房屋的面积、房屋所在的楼层、房屋所在楼盘的总建筑面积、物业类型（电梯公寓、普通多层住宅以及别墅等）等。虽然部分观测值中还包括了房屋的室内结构（室、厅、卫），但由于很大一部分观测值此变量为空，因此实证模型中我们并没有对此类变量进行控制，而且由于我们关注的重点在于楼层价格的变化趋势，房屋的室内结构各观测值之间的变化不大，再加上数据总量是将近 40 万的大样本数据，因此即使缺乏这些控制变量，对研究的结果也不会产生很大的影响。

在我们的数据处理过程中，如果发现在一个观测值中，缺乏模型需要控制的任何一个变量，我们都会将其剔除，剩余可用观测值数量为 386 148 个。地震之前样本占总样本的 51.72%，地震之后占总样本的 48.28%。重要变量具体描述统计详细情况见表 4.1。从表 4.1 的统计来看，房屋的面积平均约为 103 平方米，相对比较大，其原因主要是非中心城区的房屋面积偏大，约 113 平方米，均价为 3 592.88 元，而中心城区的房屋面积为 95.55 平方米，均价为 5 453.19 元。此外，在实证模型中我们还利用国家发改委每月公布的 "70 个大中城市新建住房环比销售价格指数"① 来控制全国住房价格的变化趋势。

① 根据国家发展改革委员会每月公布的数据整理获得。

表 4.1   主要变量描述性统计

变量名称	均值	标准差	最小值	最大值
房屋所在楼层	10.663	7.786	1	42
房屋总价格	484 446.7	369 251.5	24 153	1.28e+07
总样本均价	4 656.019	1 773.386	304.035	57 926.25
房屋面积	102.923	40.723	30.07	495.26
别墅均价	7 905.984	3 620.257	1 356.298	29 520
别墅面积	268.1	106.181	145.85	495.26
别墅总价	2 265 041	1 605 041	150 000	1.28e+07
高层均价	4 671.915	1 661.904	304.035	57 926.25
高层面积	99.417	33.243	30.07	494.92
高层总价	460 443.9	251 676.7	24 153	9 639 469
价格指数	100.593	0.72	99.3	101.9

4.3.2 初步统计结果

　　根据之前的推论，如果由于震动的感知和财产损失程度随着楼层的增高而有所加深，那么地震之后相对于地震之前人们会更加偏好低层住宅，且从数据的初步统计中，我们也应该能够看出两个时间段内不同楼层价格的显著差异。鉴于此，我们分别计算出地震前后的每个楼层的平均总价格，进行初步的统计观察（图 4.3）。从图 4.3 可以看出，虽然地震之后房屋的价格仍然随着楼层的增高而增高（除了 1 层、2 层和 3 层之外，可能由于其物业类型属于别墅从而抬高了房屋的价格），但是曲线上升的斜率明显变小，说明相比于地震之前，地震之后不同楼层之间的价格差距逐步缩小。

　　此外，从图形 4.3 中我们还发现，地震之后与地震之前相比，住房小于6层的价格前者明显高于后者，而高于6层的价格前者明显的低于后者，只是有很小部分的楼层（37、38和39层）出现了震后价格大于震前价格的状况，但这部分楼房总观测值仅为214套，占总样本的0.05%。为了更好地进行对比，我们取4～30层加以分析（图4.4），此现象表现得更加清晰，地震之后相比地震之前曲线变得更为平缓。

由于图4.3和图4.4是描述房屋总价的变化，而这种变化趋势的出现是不是因为震前与震后不同楼层的房屋面积的变化所导致的呢？为了消除此疑问，我们采用相同的方法描绘出房屋均价的走势图（图4.5和图4.6）。然而从均价对比走势图我们可以更加明显地看出震前与震后楼层平均价格的变化差异。特别是图4.5中表现出来的最高层的价格地震之前是上升的状态，而在地震之后呈现下降的趋势。而且，图4.3中很小部分的楼层（37、38和39层）震后价格大于震前价格的状况在图4.5中也不复存在。

通过图形的对比，直观上我们可以很明显发现，地震造成的强烈震感与巨大破坏和伤亡使得人们更加偏好低层的住宅。当然，要作出更加准确的判断，需要控制其他房屋的属性之后再观测价格的变化。这一问题将在随后的实证部分给予充分证明。

从购房者所登记的身份信息来看，2007年5月1日至2008年5月12日（地震之前），成都市本市居民所购买的房屋占总房地产交易的61.5%，2008年5月13日至2009年5月31日（地震之后）此比例为61.3%。总体来看，成都市房地产市场中的消费群体基本上没有发生变化。进而消除了我们对于本部分所主要探究的楼层价格变化趋势是否是由于地震之后购房者群体的变化所导致这种现象产生的担忧。

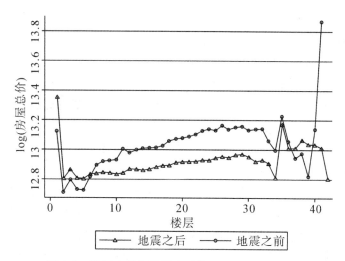

图 4.3　地震之前与地震之后楼层平均总价对比图

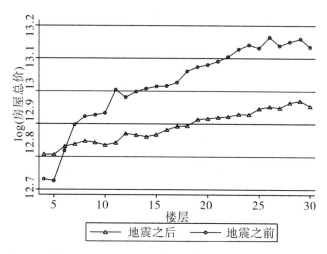

图 4.4　地震之前与地震之后楼层平均总价对比图（4～30 层）

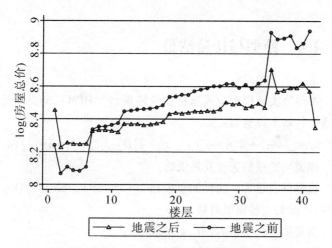

图4.5　地震之前与地震之后楼层均价对比图

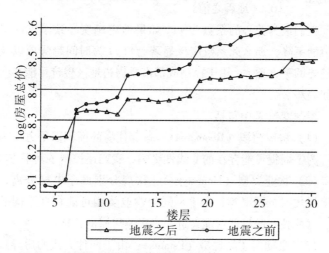

图4.6　地震之前与地震之后楼层均价对比图（4~30 层）

4.4 模型与计量结果

本部分实证模型拟采取特征价格模型（HPM）的方法进行构建，其基本模型为：

$$\log p_{it} = \alpha_0 + X_{it}\beta + \gamma_1 t + \gamma_2 t^2 + \gamma_3 D_{earthquake} + \gamma_4 fno + \varepsilon_{it} \quad (4.1)$$

现说明变量的选择及其依据：

被解释变量为"房屋的总价格"（Murdoch、Singh、Thayer，1993），我们对价格取对数。

主要的解释变量为：$D_{earthquake}$ 和 fno，

$$D_{earthquake} = \begin{cases} 1 & （地震之后） \\ 0 & （地震之前） \end{cases}, fno \text{ 表示房屋所在的楼层。}$$

我们最为关心的系数为 γ_3，如果地震确实导致了灾区房屋价值的下降，那么此系数应该显著为负。t 为时间趋势项以及时间趋势的平方项 t^2，用于控制成都市及周边地区楼价可能存在的时间趋势。

控制变量 X 中包括：

（1）房屋面积（Roomarea）：每套住房的面积以平方米为单位，为了捕捉可能存在的非线性影响，我们还控制了其平方项；

（2）物业类型（Housetype）：住房分别属于电梯公寓、普通多层住宅、别墅等，由于不同的物业类型可能存在不同的特征，这些独有的特征可能会进一步影响房屋的价格；

（3）是期房还是现房（Pstatus）：由于两种方式购房导致入住的时间不同，如果是期房会等待很长的时间，因此会对房屋的价格产生一定的负面影响；

（4）区位（Location）：房屋所在的城市由于不同的区位特征（如服务业发展水平、配套设施、环境污染等）会对房价产生很大的影响，因此我们以哑变量（Dummy）的形式对不可观测的区位特征进行控制；

（5）价格指数（Index）：控制价格指数的目的是为了剔除由于全国的房地产市场价格变化趋势对成都地区住房价格产生的影响。

此外，我们在各种模型回归时采用稳健性标准差（Robust standard errors），来处理随机扰动项 ε_{it} 之间可能存在的自相关和异方差问题。回归结果详见表4.2。

表4.2　　　　　模型（4.1）回归结果

被解释变量 解释变量	$\log p_{it}$	$\log p_{it}$	$\log p_{it}$
地震 （地震之后 = 1）	−0.081 2 ***	−0.080 4 ***	−0.081 8 ***
	(0.002 65)	(0.002 67)	(0.002 68)
楼层	0.002 58 ***	0.002 47 ***	0.002 61 ***
	(6.45e − 05)	(6.48e − 05)	(6.52e − 05)
时间趋势项	0.030 8 ***	0.030 5 ***	0.038 2 ***
	(0.000 450)	(0.000 453)	(0.000 424)
时间趋势项^2	−8.63e − 07 ***	−8.56e − 07 ***	−1.07e − 06 ***
	(1.27e − 08)	(1.28e − 08)	(1.20e − 08)
房屋面积	0.013 1 ***	0.012 6 ***	0.012 6 ***
	(4.51e − 05)	(4.35e − 05)	(4.33e − 05)
房屋面积^2	−1.32e − 05 ***	−1.07e − 05 ***	−1.07e − 05 ***
	(1.63e − 07)	(1.49e − 07)	(1.48e − 07)
房价指数	0.065 0 ***	0.064 9 ***	0.071 6 ***
	(0.001 07)	(0.001 07)	(0.001 07)
常数项	−268.7 ***	−266.7 ***	−335.8 ***
	(4.032)	(4.058)	(3.798)

表4.2(续)

被解释变量 解释变量	$\log p_{it}$	$\log p_{it}$	$\log p_{it}$
物业形态	控制	不控制	不控制
房屋购买方式	控制	控制	不控制
固定效应	控制	控制	控制
Observations	386 148	386 148	386 148
R - squared	0.671	0.666	0.663

注：各列括号里的数是 white 异方差稳健性标准差。上标"***"、"**"及"*"分别表示 1%、5% 和 10% 统计水平上显著。

从回归的结果来看，$D_{earthquake}$ 的回归系数全部为负，而且都在 1% 的水平上显著，并具有很强的稳健性，说明地震的发生确实导致灾区住房价值的下降。回归系数显示灾区住房价值平均约有 8% 的下降，平均每套住房价值损失 37 210 元。此结果与布鲁克希尔等（Brookshire，1985）采取特征价格模型（HPM）利用 1978 年洛杉矶和圣弗朗西斯科两地区房地产实际交易的数据研究得出的下降程度大体相当，他们认为地震造成当地房地产价值大约平均每套 4 650 美元的下降。时间平方项的系数 γ_2 为负，一次项系数为正，说明房价呈现先上升后下降的趋势。房屋楼层的系数显著为正，说明总体而言随着楼层的升高住房的价格有所升高，这与图 4.3 与图 4.4 所表现出来的趋势相一致。

模型（4.1）主要验证了地震造成了灾区住房价格的下降这一问题，而对于地震是否确实造成了人们对高楼层住房支付意愿价格的下降，我们需要对基本模型进行变换，如模型（4.2）。

$$\log p_{it} = \alpha_0 + X_{it}\beta + \gamma_1 t + \gamma_2 t^2 + \gamma_3 D_{earthquake} + \gamma_4 fno$$
$$+ \gamma_5 D_{earthquake} \cdot fno + \varepsilon_{it} \tag{4.2}$$

模型（4.2）与模型（4.1）的区别在于我们加入了 $D_{earthquake}$

和 fno 的交叉项，系数 γ_5 的经济含义表示为它能够准确的刻画出地震之相比与地震之前，随着楼层升高住房价格的变化趋势。如果地震确实造成了如图 4.3～图 4.6 所表现出来的变化趋势，我们认为 γ_3 和 γ_5 应该显著为负，而 γ_4 仍然显著为正。除此之外，其他的控制变量的回归结果与模型（4.1）应该不会有很大的变化。回归结果见表 4.3。

表 4.3 中的各变量回归结果与我们事前的猜想完全相符而且也很稳健。fno 的系数显著为正，说明地震之后随着楼层的升高房屋价格也在升高，这也与我们的初步统计结果相一致。而我们最感兴趣的地震和房屋楼层交叉项（$D_{earthquake} \times fno$）的系数 γ_5 也在 1% 的水平下显著为负，说明地震之后随着楼层的升高，房屋之间的价格差距相比地震之前的楼层价格差距有显著的下降，但总体上随着楼层的升高房屋价格仍然呈趋于上升趋势，只不过由于地震的原因，其上升的斜率有所下降（斜率 = $D_{earthquake} \times fno + fno > 0$）。这一现象的存在，也能够部分的说明在面对地震风险的时候，人们往往采取自我保险的方式来降低在地震中的损失规模（Brookshire 等，1985）。

其余控制变量，时间趋势项和房屋面积的回归结果，一次项为正，二次项为负，说明两者对房价都存在着非线性的影响。有关物业形态、是期房还是现房以及区位三个变量，和模型（4.1）一样我们都是采取 dummy 的形式进行控制，在此我们不予列出。

表 4.3　　　　　　　模型（4.2）回归结果

被解释变量 解释变量	$\log p_{it}$	$\log p_{it}$	$\log p_{it}$
地震 （地震之后 =1）	− 0.054 6 ***	− 0.052 6 ***	− 0.045 4 ***
	（0.003 03）	（0.003 05）	（0.003 06）

表4.3(续)

解释变量＼被解释变量	$\log p_{it}$	$\log p_{it}$	$\log p_{it}$
楼层	0.003 91 ***	0.003 87 ***	0.004 42 ***
	(9.01e−05)	(9.09e−05)	(9.06e−05)
地震×楼层	−0.002 51 ***	−0.002 62 ***	−0.003 43 ***
	(0.000 126)	(0.000 127)	(0.000 126)
时间趋势项	0.030 5 ***	0.030 2 ***	0.037 2 ***
	(0.000 448)	(0.000 451)	(0.000 424)
时间趋势项^2	−8.56e−07 ***	−8.48e−07 ***	−1.04e−06 ***
	(1.27e−08)	(1.28e−08)	(1.20e−08)
房屋面积	0.013 1 ***	0.012 6 ***	0.012 6 ***
	(4.49e−05)	(4.33e−05)	(4.30e−05)
房屋面积^2	−1.32e−05 ***	−1.07e−05 ***	−1.07e−05 ***
	(1.62e−07)	(1.48e−07)	(1.47e−07)
房价指数	0.064 9 ***	0.064 8 ***	0.070 9 ***
	(0.001 06)	(0.001 07)	(0.001 06)
常数项	−266.3 ***	−264.2 ***	−327.3 ***
	(4.020)	(4.047)	(3.798)
物业形态	控制	不控制	不控制
房屋购买方式	控制	控制	不控制
固定效应	控制	控制	控制
Observations	386 148	386 148	386 148
R − squared	0.672	0.666	0.664

注：各列括号里的数是white异方差稳健性标准差。上标" *** "、" ** "及" * "分别表示1%、5%和10%统计水平上显著。

模型（4.2）的结果肯定了地震对灾区住房消费者（或投资者）在心理层面上所产生的显著负面影响，对本部分所主要关注的"反应过度"存在性的解决进行了很好的铺垫。但是，如果要验证房地产市场是否存在反应过度的问题，我们所采用的实证模型必须在模型（4.2）的基础上对楼层进行更为细致的划分，尤其是对低层和高层进行明显的区分，而且要有明显的时间趋势项。因此，根据这一指导思想我们采用的模型如下：

$$\log p_{it} = \alpha_0 + X_{it}\beta + \gamma_1 t + \gamma_2 t^2 + \gamma_3 D_{earthquake}$$
$$+ \sum_{t=1}^{T} \left[\lambda_{t1} \cdot fno\_one + \lambda_{t2} \cdot fno\_two \right. \tag{4.3}$$
$$\left. + \lambda_{t3} \cdot fno\_high + \lambda_{t4} \cdot villa \right] \cdot D_t + \varepsilon_{it}$$

与模型（4.2）相比，模型（4.3）中我们把房屋的楼层进行细分。其中，fno_one 代表 1 层，fno_two 代表 2 层，fno_high 代表高层楼房（≥3 层）[1]，$villa$ 代表别墅。D_t 为 [0，1] 变量，下标 t 表示以"月"为观测的时间标准，从地震后的第一个月（2008 年 6 月）算起至 2009 年 5 月共 12 个月。在同一次回归当中，我们分别对每月进行观测，如果是我们想要观测的月份，此时 D_t 为"1"，否则为"0"。

模型（4.3）中，我们最为关注的是 λ_{t1}、λ_{t2}、λ_{t3} 与 λ_{t4} 四个系数的正负号、大小以及系数的变化趋势。其余控制变量与基本模型相同。由于回归中变量太多，因此对回归结果，我们采用两个表格进行单独列出，表 4.4 是部分控制变量结果，表 4.5 为每月回归的结果。

表 4.4 中各主要控制变量的回归结果与以上两个模型回归

---

① 本部分之所以把 3 层作为高层与低层的分界线，是因为我们认为高于 3 层（含 3 层）的楼房，受地震的影响程度相对较大，而且存在更大的生命和财产危险。

的结果基本相符，$D_{earthquake}$ 系数仍然显著为负，而以楼层表示的变量总体变化趋势仍显著为正，时间趋势项和房屋面积也存在非线性的趋势。

表4.5所列的为模型（4.3）中不同类型的住房与 D_t 交叉项系数的回归结果，它们表示的是地震之后与地震之前相比不同楼层在不同月份的价格变化程度。从回归的系数看，高层住房的回归系数都存在着先下降而后上升的趋势，而低层特别是别墅类住宅回归系数存在明显的先上升而后下降的趋势，直至2009年4月和5月价格回归到正常的水平。从图4.7和图4.8的价格走势图我们发现，高层和别墅的价格变化基本上在地震之后的第8个月开始出现反转的迹象。别墅类型的住房价格，在震后伊始便有大幅上升，而在随后的调整过程中，其回归的速度也非常快。2008年12月份价格骤然下降，其后2009年1月份虽然有些小幅回升，但在2月份又有更大幅度下降，说明别墅的价格在震荡中大幅回落。相比别墅类住房，高层房屋价格的变化则显得比较平缓[①]。从而，在房地产市场中也应验了两个假设（Be Bondt、Thaler，1985）：价格极端的波动，随后将会向其相反的方向调整；初始价格变动越大，随后的调整幅度越大。说明房地产市场中存在明显的"反应过度"现象。

---

① 虽然从图形上来看变化很大，但是从系数的大小比较来看变化还是较为平缓的。

表4.4　　　模型（4.3）部分控制变量回归结果

解释变量＼被解释变量	$\log p_{it}$
地震（地震之后 ＝1）	$-0.063\ 8\ ^{***}$
	$(0.003\ 53)$
高层	$0.005\ 14\ ^{***}$
	$(9.44e-05)$
一层	$0.121\ ^{***}$
	$(0.003\ 73)$
二层	$0.016\ 2\ ^{***}$
	$(0.002\ 94)$
时间趋势项	$0.030\ 1\ ^{***}$
	$(0.000\ 581)$
时间趋势项^2	$-8.46e-07\ ^{***}$
	$(1.65e-08)$
房屋面积	$0.013\ 2\ ^{***}$
	$(4.46e-05)$
房屋面积^2	$-1.41e-05\ ^{***}$
	$(1.62e-07)$
房价指数	$0.049\ 6\ ^{***}$
	$(0.001\ 16)$
常数项	$-261.6\ ^{***}$
	(5.142)
Observations	386 148
R - squared	0.677

注：各列括号里的数是 white 异方差稳健性标准差。上标" *** "、" ** "及" * "分别表示1%、5%和10%统计水平上显著。

表 4.5 模型（4.3）不同楼层月份回归结果（地震后）

时间	1 层	2 层	高层	别墅
2008 年 6 月	0. 059 9 ***	0. 034 4 ***	− 0. 002 52 ***	0. 000 579
	(0. 015 6)	(0. 012 3)	(0. 000 224)	(0. 044 3)
2008 年 7 月	0. 056 1 ***	0. 044 8 ***	− 0. 001 58 ***	0. 160 ***
	(0. 018 5)	(0. 012 4)	(0. 000 271)	(0. 054)
2008 年 8 月	0. 037 8 *	0. 070 5 ***	0. 001 14 ***	0. 247 ***
	(0. 021 6)	(0. 013 2)	(0. 000 264)	(0. 051 4)
2008 年 9 月	− 0. 021 5	0. 032 1 *	− 0. 002 64 ***	0. 265 ***
	(0. 022 4)	(0. 016 5)	(0. 000 292)	(0. 065 7)
2008 年 10 月	− 0. 030 4	− 0. 067 9 ***	− 0. 004 39 ***	0. 247 ***
	(0. 022 6)	(0. 018)	(0. 000 284)	(0. 058 6)
2008 年 11 月	0. 089 5 ***	0. 000 156	− 0. 007 96 ***	0. 255 ***
	(0. 018 6)	(0. 011 6)	(0. 000 359)	(0. 054 1)
2008 年 12 月	0. 064 7 ***	− 0. 055 1 ***	− 0. 003 73 ***	0. 068 6 *
	(0. 019 7)	(0. 014 6)	(0. 000 219)	(0. 040 9)
2009 年 1 月	− 0. 022 2	− 0. 068 0 ***	− 0. 007 96 ***	0. 186 ***
	(0. 024 2)	(0. 017)	(0. 000 253)	(0. 048 6)
2009 年 2 月	− 0. 009 68	0. 010 6	− 0. 004 27 ***	0. 031 5
	(0. 014 9)	(0. 009 87)	(0. 000 169)	(0. 055)
2009 年 3 月	− 0. 013 4	− 0. 037 4 ***	− 0. 003 82 ***	0. 094 9 **
	(0. 014 8)	(0. 010 2)	(0. 000 173)	(0. 042 5)
2009 年 4 月	0. 028 2 **	0. 015 3 *	− 0. 001 83 ***	0. 035 2
	(0. 012 8)	(0. 009 14)	(0. 000 163)	(0. 027 2)
2009 年 5 月	− 0. 058 3 ***	− 0. 003 87	− 0. 000 716 ***	0. 042 2
	(0. 009 67)	(0. 007 32)	(0. 000 169)	(0. 028)

注：各列括号里的数是 white 异方差稳健性标准差。上标 " *** "、" ** "
及 " * "分别表示 1% 、5% 和 10% 统计水平上显著。

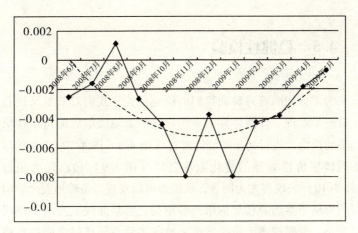

图4.7 地震后高层住宅价格月度回归系数走势图

（其中虚线为价格走势的拟合曲线）

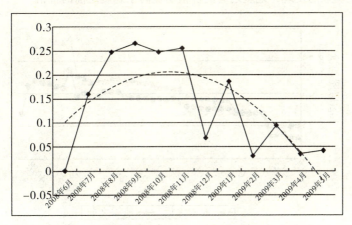

图4.8 地震后别墅住宅价格月度回归系数走势图

（其中虚线为价格走势的拟合曲线）

4.5 稳健性检验

为了更加准确的验证我们的研究结论，我们对数据又进行了进一步处理。分别计算出不同物业形态地震前后的每个楼层的平均价格，进行初步的统计观察（图4.9~图4.12）。震前与震后楼层价格差异的变化电梯公寓（图4.9）和商住两用房（图4.10）表现得尤为明显，从图形可以发现，虽然地震之后房屋的价格仍然随着楼层的增高而增高，但是曲线上升的斜率明显变小，说明相比于地震之前，地震之后不同楼层之间的价格差距逐步的减小。此外，从别墅和普通多层住宅的统计图形也能明显的发现，地震之后的价格明显高于地震之前的价格。

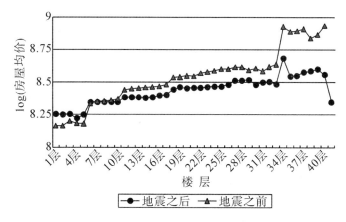

图4.9 地震之前与地震之后楼层均价对比图（电梯公寓）

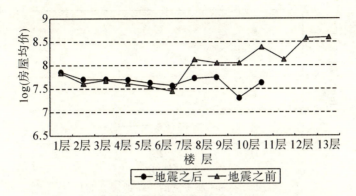

图 4.10 地震之前与地震之后楼层均价对比图（商住两用房）

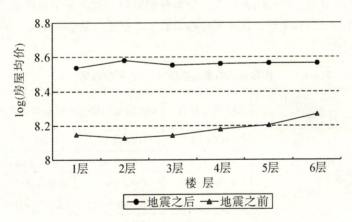

图 4.11 地震之前与地震之后楼层均价对比图（普通多层住宅）

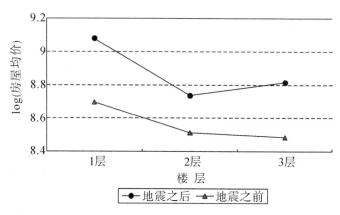

图 4.12　地震之前与地震之后楼层均价对比图（别墅）

此外，回归的方法上，全部模型回归均改为采用房屋均价作为被解释变量，且房屋价格采取了"消除通货膨胀因素"的方法。

表 4.6　剔除通胀因素后模型（4.1）回归结果

解释变量＼被解释变量	log(房屋均价)	log(房屋均价)	log(房屋均价)
地震 （地震之后 = 1）	− 0.046 1 ***	− 0.044 4 ***	− 0.045 8 ***
	(0.002 6)	(0.002 62)	(0.002 63)
楼层	0.002 86 ***	0.002 75 ***	0.002 89 ***
	(6.52E − 05)	(6.54E − 05)	(6.57E − 05)
时间趋势项	0.023 0 ***	0.022 6 ***	0.030 3 ***
	(0.000 448)	(0.000 451)	(0.000 423)
时间趋势项^2	− 6.43e − 07 ***	− 6.33e − 07 ***	− 8.48e − 07 ***
	(1.27E − 08)	(1.27E − 08)	(1.20E − 08)
房屋面积	− 0.001 32 ***	− 0.001 86 ***	− 0.001 86 ***
	(5.11E − 05)	(5.15E − 05)	(5.14E − 05)

表4.6(续)

解释变量 被解释变量	log(房屋均价)	log(房屋均价)	log(房屋均价)
房屋面积^2	7.68e-06 ***	1.02e-05 ***	1.02e-05 ***
	(1.89E-07)	(1.84E-07)	(1.84E-07)
房价指数	0.059 7 ***	0.060 1 ***	0.066 7 ***
	(0.001 07)	(0.001 08)	(0.001 07)
电梯公寓	-0.176 ***		
	(0.013)		
别墅	0.435 ***		
	(0.008 69)		
商住两用房	0.024 1 ***		
	(0.008 18)		
房屋购买方式	-0.096 9 ***	-0.095 8 ***	
(期房=1)	(0.002 01)	-0.002 02	
区域固定效应	控制	控制	控制
Constant	-207.5 ***	-204.1 ***	-273.0 ***
	(4.016)	(4.044)	(3.788)
Observations	386 148	386 148	386 148
R-squared	0.454	0.445	0.441

注：各列括号里的数是 white 异方差稳健性标准差。上标 " *** "、" ** " 及 " * "分别表示1%、5%和10%统计水平上显著。

　　从回归的结果来看，地震（$D_{earthquake}$）的回归系数全部为负，而且都在1%的水平上显著，并具有很强的稳健性，说明地震的发生确实导致灾区住房价值的下降。回归系数显示灾区住房平均价值约有4.6%的下降，时间平方项的系数 γ_2 为负，一次项系数为正，说明房价呈现先上升后下降的趋势。房屋楼层的系数显著为正，说明总体而言随着楼层的升高住房的价格有所升高。这与没有剔除通货膨胀因素用房屋总价回归的结果基本一致。进而采取同样的方法，我们在剔除通胀因素并把被解释变量变化为房屋均价后，对模型（4.3）进行回归，并画出价格走势图，我们发现，其趋势与之前的价格变动趋势几乎没有发生变化。从而说明了结论的稳健性。

表4.7　　　剔除通胀因素后模型（4.2）回归结果

解释变量　　　被解释变量	log(房屋均价)	log(房屋均价)	log(房屋均价)
地震 （地震之后 = 1）	- 0.014 6 ***	- 0.012 3 ***	- 0.005 11 *
	(0.003)	(0.003 02)	(0.003 03)
楼层	0.004 44 ***	0.004 36 ***	0.004 91 ***
	(8.98E - 05)	(9.03E - 05)	(9.01E - 05)
地震×楼层	- 0.002 97 ***	- 0.003 02 ***	- 0.003 82 ***
	(0.000 125)	(0.000 126)	(0.000 124)
时间趋势项	0.022 7 ***	0.022 3 ***	0.029 2 ***
	(0.000 446)	(0.000 449)	(0.000 422)
时间趋势项^2	- 6.35e - 07 ***	- 6.23e - 07 ***	- 8.18e - 07 ***
	(1.26E - 08)	(1.27E - 08)	(1.19E - 08)
房屋面积	- 0.001 32 ***	- 0.001 86 ***	- 0.001 86 ***
	(5.10E - 05)	(5.13E - 05)	(5.12E - 05)
房屋面积^2	7.71e - 06 ***	1.02e - 05 ***	1.03e - 05 ***
	(1.88E - 07)	(1.84E - 07)	(1.83E - 07)
房价指数	0.059 6 ***	0.059 9 ***	0.066 0 ***
	(0.001 07)	(0.001 08)	(- 0.001 07)
电梯公寓	- 0.180 ***		
	(0.013)		
别墅	0.435 ***		
	(0.008 65)		

表4.7(续)

解释变量＼被解释变量	log(房屋均价)	log(房屋均价)	log(房屋均价)
商住两用房	0.032 4 ***		
	(0.008 19)		
房屋购买方式（期房＝1）	−0.090 7 ***	−0.089 4 ***	
	(0.002 04)	(0.002 05)	
区域固定效应	控制	控制	控制
Constant	−204.8 ***	−201.2 ***	−263.5 ***
	(4.003)	(4.03)	(3.786)
Observations	386 148	386 148	386 148
R − squared	0.455	0.446	0.442

注：各列括号里的数是 white 异方差稳健性标准差。上标"＊＊＊"、"＊＊"及"＊"分别表示 1%、5% 和 10% 统计水平上显著。

表4.8 剔除通货膨胀因素后模型（4.3）部分控制变量回归结果

解释变量＼被解释变量	log（房屋均价）
地震（地震之后＝1）	−0.034 9 ***
	(0.003 44)
高层	0.005 67 ***
	(9.35E−05)
一层	0.130 ***
	(0.003 81)
二层	0.015 5 ***
	(0.002 94)
时间趋势项	0.020 7 ***
	(0.000 575)

表4.8(续)

被解释变量 解释变量	log（房屋均价）
时间趋势项^2	$-5.79\mathrm{e}-07$ ***
	（1.63E-08）
房屋面积	$-0.001\,22$ ***
	（4.94E-05）
房屋面积^2	$6.81\mathrm{e}-06$ ***
	（1.83E-07）
房价指数	$0.045\,3$ ***
	（0.001 16）
电梯公寓	-0.183 ***
	（0.012 7）
别墅	0.377 ***
	（0.009 33）
商住两用房	$0.038\,4$ ***
	（0.007 93）
房屋购买方式（期房＝1）	$-0.090\,5$ ***
	（0.002 03）
区域固定效应	控制
常数项	-261.6 ***
	（5.142）
Observations	386 148
R - squared	0.677

注：各列括号里的数是 white 异方差稳健性标准差。上标" *** "、" ** "及" * "分别表示1%、5%和10%统计水平上显著。

表 4.9　剔除通胀因素后模型（4.3）不同楼层月份回归结果
（地震后）

时间	1 层	2 层	高层	别墅
2008 年 6 月	0.065 1 ***	0.030 0 **	− 0.002 09 ***	0.029 3
	(0.015 9)	(0.011 8)	(0.000 21)	(0.043 2)
2008 年 7 月	0.070 4 ***	0.048 7 ***	− 0.001 24 ***	0.093 8 **
	(0.018 8)	(0.012 5)	(0.000 259)	(0.043 4)
2008 年 8 月	0.062 0 ***	0.089 5 ***	0.001 79 ***	0.219 ***
	(0.021)	(0.013 3)	(0.000 257)	(0.061 4)
2008 年 9 月	0.000 904	0.043 3 ***	− 0.002 39 ***	0.239 ***
	(0.022 5)	(0.016 6)	(0.000 289)	(0.069)
2008 年 10 月	− 0.017 2	− 0.057 0 ***	− 0.004 51 ***	0.228 ***
	(0.021 9)	(0.017 5)	(0.000 274)	(0.063 4)
2008 年 11 月	0.097 6 ***	− 0.002 58	− 0.008 25 ***	0.262 ***
	(0.019 3)	(0.011 7)	(0.000 354)	(0.055 4)
2008 年 12 月	0.081 5 ***	− 0.051 9 ***	− 0.004 20 ***	0.072
	(0.020 1)	(0.014 5)	(0.000 216)	(0.047 9)
2009 年 1 月	− 0.031 2	− 0.072 5 ***	− 0.008 22 ***	0.220 ***
	(0.023 9)	(0.016 4)	(0.000 245)	(0.051)
2009 年 2 月	0.005 52	0.020 5 **	− 0.003 90 ***	0.039 2
	(0.015 5)	(0.009 9)	(0.000 166)	(0.077)
2009 年 3 月	− 0.003 9	− 0.030 4 ***	− 0.003 91 ***	0.086 3
	(0.015)	(0.009 96)	(0.000 169)	(0.056 6)
2009 年 4 月	0.026 0 **	0.015 7 *	− 0.002 26 ***	0.097 5 ***
	(0.012 9)	(0.008 98)	(0.000 162)	(0.031 1)
2009 年 5 月	− 0.063 0 ***	− 0.010 4	− 0.001 59 ***	0.066 0 **
	(0.009 84)	(0.007 18)	(0.000 167)	(0.03)

注：各列括号里的数是 white 异方差稳健性标准差。上标 " *** "、" ** "
及 " * "分别表示 1%、5% 和 10% 统计水平上显著。

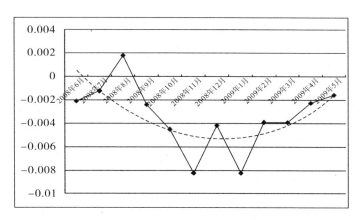

图4.13　地震后高层住宅均价月度回归系数走势图

（其中虚线为价格走势的拟合曲线）

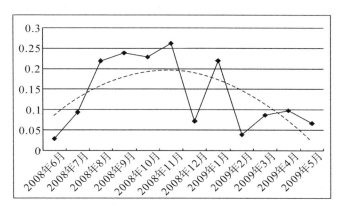

图4.14　地震后别墅住宅均价月度回归系数走势图

（其中虚线为价格走势的拟合曲线）

此外，在 OLS 回归中有可能存在由于样本量过大而导致系数显著水平偏高的现象。鉴于此我们随机抽取 10% 的样本进行了同样的回归，以此作为结果的稳健性检验，结果显示我们所关注系数的显著性水平并没有发生变化（见表 4.10，其余两个模型显著性水平也没有发生大的变化）。

表 4.10　　　随机抽取了 10% 的样本回归结果

被解释变量 解释变量	log(房屋均价)	log(房屋均价)	log(房屋均价)
地震 （地震之后 = 1）	− 0.051 5 ***	− 0.049 0 ***	− 0.050 1 ***
	(0.008 21)	(0.008 27)	(0.008 30)
楼层	0.002 80 ***	0.002 70 ***	0.002 86 ***
	(0.000 209)	(0.000 210)	(0.000 211)
时间	0.021 8 ***	0.020 9 ***	0.029 7 ***
	(0.001 41)	(0.001 42)	(0.001 33)
时间^2	− 6.10e − 07 ***	− 5.85e − 07 ***	− 8.32e − 07 ***
	(3.99e − 08)	(4.02e − 08)	(3.77e − 08)
房屋面积	− 0.001 46 ***	− 0.002 02 ***	− 0.002 02 ***
	(0.000 159)	(0.000 165)	(0.000 164)
房屋面积^2	8.18e − 06 ***	1.08e − 05 ***	1.08e − 05 ***
	(5.84e − 07)	(5.90e − 07)	(5.86e − 07)
房价指数	0.063 1 ***	0.062 4 ***	0.070 3 ***
	(0.003 38)	(0.003 41)	(0.003 38)
电梯公寓	− 0.144 ***		
	(0.041 3)		
别墅	0.430 ***		
	(0.025 4)		
商住两用房	0.067 4 ***		
	(0.007 75)		
房屋购买方式 （期房 = 1）	− 0.107 ***	− 0.107 ***	
	(0.006 28)	(0.006 27)	
Constant	− 197.7 ***	− 189.5 ***	− 268.5 ***
	(12.68)	(12.77)	(11.96)
Observations	38 615	38 615	38 615

表4. 10(续)

被解释变量 解释变量	log(房屋均价)	log(房屋均价)	log(房屋均价)
R - squared	0.462	0.452	0.448

注：各列括号里的数是 white 异方差稳健性标准差。上标"***"、"**"及"*"分别表示1%、5%和10%统计水平上显著。

此外，即使如此也有可能存在地震之后房地产市场中的救市政策而导致此种反应过度现象的存在。为此，我们专门去成都市房产管理局收集了成都市地震之后所采取的一系列稳定房地产的政策（见表4.11）。从统计的政策来看，这些政策内容本身对人们的购房决策会存在一定的促进作用，但是对于人们购买房屋楼层的选择偏好不会产生影响。

表4.11　地震之后成都市所采取的救市政策汇总

税收减免	购房补贴	信贷	公积金	土地	购房入户	住房保障
普通商品住房：契税的地方所得部分全额补贴；其他商品房和存量住房：契税的地方所得部分50%补贴。2008年6月15日—2009年5月31日，购买商品住房的我市纳税人，自购房之年起至2010年12月31日止在本市所交个人所得税地方所得部分给予补贴，不超过10万元，1套房屋有1个产权人享受，截至日后一次清算。	购买商品住房：90平方米以下，1.5%；90~144平方米，1%；144~180平方米，0.5%。购买144平方米以下存量住房，1%。	对符合规定的房地产企业信贷支持。对因灾不能按时偿还贷款的房地产开发企业，不催收催缴、不罚息、不作不良记录。因房屋垮塌或受损有安全隐患，需要购买商品住房的，可享受首次购房的信贷优惠政策。	首付款比例：30%降至20%；贷款最高额度：25万元升至30万元；贷款最长期限：20年增至30年；支持异地缴存公积金在成都市申请公积金按揭贷款购买商品住房。	通过招、拍、挂等方式取得土地使用权的地块，符合条件的可分宗办理国土使用证；对出让取得开发用地使用权的企业，可以土地使用权与他人联合开发；对出让取得开发用地使用权的企业，其地价款的付款期限可适当延长，且在批准延长期内，不计滞纳金。	购买70平方米以上商品住房的，可按有关规定办理有关入户手续。	我市因房屋毁损或房屋有安全隐患的城镇居民，可申购经济适用房、租赁廉租房。

4.6 本章小结

"5·12"汶川特大地震的发生给灾区造成了巨大的财产损失和人员伤亡，也给灾区的人们留下了无限的心理创伤。与此同时，此次地震却也给了我们一次自然实验的机会，可以探究在面临外部冲击时房地产市场中所表现出来的"反应过度"的现象。

从理论层面上，本章融合了经济学、心理学以及行为金融学的相关理论与研究方法，利用地震灾区 10 个市县区 2007 年 5 月至 2009 年 5 月两年近 40 万的"全样本"微观交易数据，采用特征价格模型，量化了地震对灾区住房价值所产生的负面影响，进而通过观测地震之前与地震之后楼层价格的差异以及价格变化的走势，第一次深入的探究了房地产市场存在"反应过度"这一价格异象。结果我们发现：第一，总体而言，地震造成了灾区住房价值约每套 37 210 元的下降，占住房平均总价值的 8%；第二，地震的发生导致了低层房屋（特别是别墅类型的住房）价格出现大幅上涨，而高层的房屋价格出现下降的现象，但经历了 1 年的时间之后，不同楼层的价格水平恢复到了正常的价值水平。这种房价由"正常—溢价—正常"的现象的发生，说明与现有文献研究的资本市场一样，在房地产市场中也存在着显著的"反应过度"的价格异象。同时，震后楼层价格的变化趋势也验证了部分心理学家（Kreps，1984 等）所提出的"当人们发现一种风险或者事件发生的概率或者再次发生的可能性很小的时候，随着时间的消逝，人们对风险的恐惧会有所淡忘"的相关理论。

从政策层面上，对于政策的制定者，在制定政策之时要意识到不单单政策的各项规定对市场会产生作用，而且还应该充分考虑到政策对市场中各种参与者的导向作用。因此，在调整力度上要尽量适中，以防止"反应过度"的现象对房价所造成的过度波动。

5　电厂对房地产价格的影响

5.1　引言

随着社会经济的发展，人们的生活水平逐步的提高，对外围生存环境质量的要求也逐步提高。环境问题已经成为我们国家以及整个世界共同关注的话题，世界各国对 2009 年 12 月 7 日至 18 日召开的"哥本哈根世界气候大会"的关注就可以充分证明这一点。自改革开放以来，虽然我国的经济得到了快速的发展，但人们生存的社会和自然环境也日益恶化，沙尘暴、酸雨、储水量排名居全国第三位的云南省大干旱等环境恶化现象，给我们每个人的环境保护意识都敲响了警钟。整治人们赖以生存的自然环境，已经成为当今中国社会乃至整个世界的重要议题。我们国家史无前例地在 2010 年 2 月 9 日由国务院发布了历时两年多、52 万人参加调研并努力完成的《第一次全国污染源普查公报》①（以下简称《公报》）。《公报》的数据资料显示，在工

---

① 根据《公报》的汇总：各类源废水排放总量 2 092.81 亿吨，废气排放总量 637 203.69 亿立方米。主要污染物排放总量：化学需氧量 3 028.96 万吨，氨氮 172.91 万吨，石油类 78.21 万吨，重金属（镉、铬、砷、汞、铅）0.09 万吨，总磷 42.32 万吨，总氮 472.89 万吨；二氧化硫 2 320.00 万吨，烟尘 1 166.64 万吨，氮氧化物 1 797.70 万吨。污染状况较为严重。

业污染源当中，通过主要行业污染排放量的对比，无论是二氧化硫排放量、烟尘排放量还是氮氧化物排放量，电力热力的生产和供应业都排在第一位，分别为 1 068.70 万吨、314.62 万吨和 733.38 万吨。可见，各地污染整治过程中，对发电行业的整治是工作的重中之重。

成都市作为西部最大的副省级城市，其对环境的治理和规划由来已久。这一点从成都市 2006 年的"十一五规划"当中可以明显地看出。规划中明确指出：

"成都市主要污染行业为火电、冶金轻工（造纸、食品、制革、纺织）、化工、制药和建材，一段时间内，这些行业仍将是成都市的排污大户，经济结构的战略性调整和经济增长方式的根本性转变需要较长的时间。以煤为主的能源结构将继续存在，水资源消耗量巨大，二氧化硫、氮氧化物、烟尘、粉尘、化学需氧量、氨氮、石油类等污染物治理任务仍然艰巨。"（《成都市环境保护第十一个五年规划的通知》）

我们也可以看出，火电厂的存在在成都也是较为严重的污染源。而在成都市的主城区①其最大的污染源也就是火电厂带来的污染。在成华区也就是成都市的城东地区，就拥有着所谓的成都市主城区污染源头的"三根烟囱"，它们已经成为了此区域恶劣自然环境脏乱差的一种标志。这"三根大烟囱"分别属于国电成都热电厂、华能成都电厂和成都市嘉陵电厂。当时，建立这三个电厂，都是为了当地经济发展用电量紧缺的现实需要，而且部分电厂建成到投产的速度相当之快，再加上当时的除尘技术水平也非常落后，从而导致这些电厂在给人们带来"光明"的同时，也给人们的生活特别是周边地区居民的生活笼罩了一

---

① 主城区包括：武侯区、青羊区、金牛区、成华区、锦江区以及高新区。

层"烟雾"。华能成都电厂与成都热电厂、嘉陵电厂，每年共使用燃煤 190 多万吨，排放烟尘 28 000 吨，对空气中可吸入颗粒物含量的"贡献率"为 12%，排放二氧化硫 49 000 吨，对空气中二氧化硫含量的"贡献率"达 45% 以上①，从而使得此区域空气受到严重的污染。

其中，华能成都电厂在 20 世纪 80 年代建成（具体时间为 1988 年），根据当时的记载，此电厂是成都市严重缺电时建设的"短平快"项目，投资 3.5 亿元建成了一台当时技术领先的 20 万千瓦机组，于 1990 年投入运行。尽管采用了电除尘技术防止烟尘大量外排，但由于缺乏脱硫设备，电厂运行时排出大量二氧化硫，再加上随着设备的逐步老化，原来的防尘设施也无法正常运行，进而排放出大量的烟尘，严重地影响了成都的环境质量。根据成都市环保局汇总的数据我们可知，华能成都电厂每年向空气中排放烟尘 0.8 万吨，二氧化硫 1.9 万吨，这让城东空气环境质量大打折扣。为了防止此电厂的进一步污染，成都市市政府决定关闭华能电厂。2007 年 6 月 16 日，华能电厂正式停产。

与华能电厂相比，成都热电厂历史更为悠久，于 1951 年开始筹建，1955 年正式投产运行，成都热电厂是西南地区首家既发电又供热的大型火力发电厂。半个世纪以来，成都热电厂共发电 575 亿千瓦时，发热 1.1 亿千焦，成为了成都市的主要电能、热能供应基地。成都热电厂拥有 5 台 2.5 万千瓦机组②。然而，由于从投入运行至今已经有 50 多年的历史了，因此，机器

---

① 数据来源于成都市环保局网站汇总信息。
② 数据来源于对成都热电厂的相关背景介绍。为了进一步验证数据的准确性，我们通过各大门户网站进行了多次搜索，最后核实了数据。

设备老化、排污不能达到新的环保标准，给城东地区的环境保护带来了巨大的压力。成都市环保局的相关资料显示，成都热电厂每年排放烟尘量为 4 246 吨，占到全市中心城区可吸入颗粒物污染量的 2%，二氧化硫每年的排放量也高达 7 787 吨，占到中心城区二氧化硫污染量的 8%，从而导致此电厂 2006 年 4 月 28 日被迫关停，并于 2006 年 7 月 16 日被爆破拆除。没有被拆除的嘉陵热电厂，也在 2006 年 11 月 1 日正式停产，并投巨资进行脱硫改造。而且，在最近的几年，政府对嘉陵电厂的监管也日益严格，而今（2010 年 3 月 21 日）又勒令嘉陵电厂停止运行进行脱硫改造。因此，由于政府的监管力度加强，此电厂污染破坏力较前几年有所减弱。

　　经过近两年成都市主城区环境整治工作的开展，特别是对于两个电厂的搬迁以及嘉陵电厂的停产安装脱硫设施，使得成都市主城区的环境出现了良好的变化。下图为成都市主城区自 2005—2008 年"空气综合污染指数①②"的变化走势图。从图 5.1 的趋势来看，成都市主城区的空气质量相对前几年变得越来越好，说明环境整治确实产生了实质性的效果。

---

　　① 此指数数据来源于成都市环保局《2008 年环境质量公报》。
　　② 注意：这里的"空气综合污染指数"不是平时我们所说的测度环境污染的"API"指数。这两个指数的计算方法不同，进而导致其数字的大小代表的含义也相反。"空气综合污染指数"数字越小代表其空气质量相对较好，一般的标准为在 4.0 以下为轻度污染，在 4.0 以上为中度污染。"API"指数则相反，数字越小代表空气质量越差。

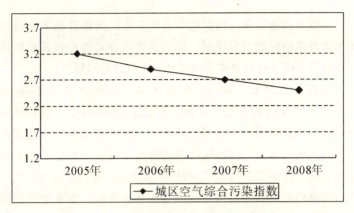

图 5.1　成都市主城区空气综合污染指数变化走势图（2005—2008 年）

　　而从成都市东城区单独的环境质量变化来看，也存在着很明显的变好趋势（如图 5.2 所示①），在图 5.2 中我们分别绘制出了二氧化硫、二氧化氮和可吸入颗粒物三个主要指标的空气含量走势图。由于在成都市环保局和统计年鉴上并没有找到 2005 年的相关数据，因此，我们只画出 2006—2008 年的走势。

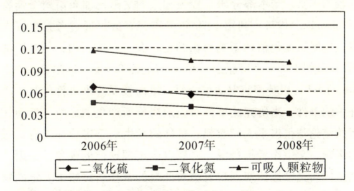

图 5.2　成都市成华区不同污染指标变化走势图（2006—2008 年）

---

　　① 相关数据来源于成都市 2006 年、2007 年、2008 年《环境统计年报》，此外 2008 年的数据来源于成都市 2009 年《统计年鉴》。

从以上的分析中，我们能够看出，电厂的搬迁确实改善了成都市城东地区的空气质量。那么这种改善是否能够显著的体现在房价上呢？这就是本章所要进一步探讨的问题。

　　从现今的学术界来看，研究污染对市场产品（Marketed Goods）的影响在国外很受重视，研究成果较为丰富，但是从国内的研究现状来看并不乐观，从我们的文献搜索发现，此课题在国内的研究甚少。但是从近两年研究"低碳"问题的文章渐渐的出现，比如郑思琪等（2009）。但是把污染问题通过房地产市场来进行很好的度量的文章不曾出现。然而与本章所采用同样的方法来探究外部环境的变化对房价影响的文章却开始慢慢的为学者所重视。比如冯浩和陆铭（2009）寻找到了上海市部分区域重点学校的搬迁这一"自然实验"的案例，对"通过买房而择校"这一问题给予了证明，最后得出教育的"资本化"确实存在这一事实。

　　相对于国内匮乏的研究，国外有关污染对房价影响的文章却较为丰富。与本部分研究较为相近的文献比如布洛姆奎斯特（Blomquist，1974）利用1970年美国普查数据通过考察电厂对周围地区房屋价值的影响得出结论：在一定范围内，与电厂的距离每增加10%，房屋总价值平均上涨0.9%。尼尔森（Nelson，1981）以美国宾夕法尼亚州三里岛核反应堆事件作为一个外生的事件，来研究此事件对当地房价所产生的影响。然而作者的结论却很出乎人们意料：事件的发生对于房价并没有显著的影响。文中作者解释说，之所以会出现这样的现象，是因为当地的居民已经预期到政府会对此处的常住居民给予一定的财政补贴。对我们来讲，起初我们认为作者之所以得出这样的结论，很大一部分原因是没有控制当地房屋的个体属性，因为作者的控制变量中没有任何与房屋属性有关的变量。然而，另外一个研究（Gamnle、Downing，1982）也同样研究了此事件对当地房价的影响，但是即使他们控制了房屋的具体属性之后也没有发现核反应堆事件对房价产生的显著负面影响，进而作者加入了三里岛事故发生与距离的交叉项后得出结论：事故前的距离非常显著，事故后的距离反而变得不显著。作者解释其原因为有可能此区域提供的更多的就业机会以及新的核技术的应用使得人们对此事件的担心逐步消除。

此外，有学者（McClelland、Schulze、Hurd，1990）通过邮件收集了洛杉矶危险废品处理点地区的相关房地产数据。研究发现，关闭废品垃圾堆放点可以使得该地区的房价平均上涨 5 001 美元。相似的研究还存在于（Michaels、Smith，1990）对波士顿地区垃圾堆放点对房价影响的研究当中。进而，还有学者（Nelson、Genereux，1992）研究发现，明尼苏达州垃圾堆堆放点对房价有着显著的负面影响，他们把采用的被解释变量为房屋交易的价格，主要关心的解释变量房屋离垃圾堆存放点的距离。其他的相似研究包括（Reichert、Small、Mohanty，1992）对克利夫兰地区的研究和（Moore、Conway，1992）对俄亥俄州的托莱多地区垃圾存放点的研究。他们研究的方法相似，其结论的共同点就是这些有害物质的存放点对房价存在着显著的负面影响。也有学者（Flower、Ragas，1994）将研究的视角进行了改变，他们研究了路易斯安那州圣伯纳地区的炼油厂对房价的影响，其结果也是存在着显著的负面影响。此类研究存在于很多其他的研究当中，如焚尸场对房价的影响的研究（Kiel、McClain，1995），冶炼厂对房价影响的研究（Dale、Murdoch、Thayer、Waddell，1999）。

关于此方面的研究，普林斯顿大学的教授（Michael Greenstone）进行了相对较为科学研究。针对空气质量是否影响房价这一问题，他们（Chay、Greenstone，2005）做出了肯定的回答。他们利用美国环保署的相关环境统计的数据和美国城市房地产的微观数据进行研究，最后发现，总体来看，美国 20 世纪 70 年代环境质量的改进使得 1970—1980 年美国房地产的价值总体上涨 450 亿美元。在他的另一篇研究当中（Greenstone、Gallagher，2005），利用美国所采取的对全国 690 个重度污染的垃圾堆堆放点的处理，来探究这种方式是否显著影响了当地的房地产价格。他们在研究中很幸运地发现，在这 690 个待处理的垃圾堆放点当中有 400 个已经被处理，而另外的 290 个没有被处理。通过这种自然实验的方法，最后作者得出结论：政府所采取的这种行为并没有对被处理的垃圾堆堆放点的房价产生显著的影响。

从国外以往的研究我们发现，环境质量与房价之间的关系一直是学术界备受关注度问题，然而在此问题上，不同的学者采用不同的数据和方法得出的结论有些不同。但是这些研究都存在着一个很大的缺陷，那就是他们所采用的数据样本量都相对较小，而且有的文献采用所谓的电话采访的数据，这样的数据会给最终的研究带来很大的误差。而且此类的研究在我国确一直没有出现。因此，本章所研究的问题，在借鉴以往研究成果的基础上，我们利用成都市成华区华能电厂和成都热电厂搬迁的自然实验，来探究一地区电厂或者空气质量的变化对房地产价格的影响。

5.2 数据统计分析

本章采用的数据与本书的第 4 章一样，全部来自于成都市房地产交易信息系统，然而此处的数据样本时间段和区域使用范围与上一章有所不同。为了我们研究的需要，本部分采用了 2006—2008 年的成都市主城区（含高新区）所交易的全部新房数据。同样，在我们提取的数据中，变量包括：买卖签约的时间、房屋所在的区位、环域、房屋的总价格、交易房屋的类型（期房或者现房）、房屋的面积、房屋所在的楼层、房屋所在楼盘的总建筑面积、物业类型（包括：电梯公寓、普通多层住宅以及别墅等）等。剔除具有缺失值的观测值，最终样本量为260 348个。与第4章相同，我们也控制了国家发改委每月公布的"70个大中城市新建住房环比销售价格指数"① 来控制全国住房价格的变化趋势。

除此之外，我们在模型中还控制了可能影响房价的其他公共品的数据，主要包括各个区域的学校的数量②、医疗卫生资源的可及性③。各变量指标的统计分析如下表5.1所示。

通过表5.1的统计分析我们看出，成都市2006—2008年主城区房屋均价为5 056元/平方米。距离电厂最近的房屋所在区域为2千米，最远的为40千米。

表5.1 **变量描述性统计**

变量名称	均值	标准差	最小值	最大值
房屋所在楼层	11. 429 41	7. 518 953	1	42
房屋均价	5 056. 132	1 510. 053	434. 349 2	57 926. 25
房屋总价	513 812. 8	300 391. 7	32 830	1. 18e + 07
房屋面积	101. 674 7	36. 726 39	30. 07	495. 26

---

① 根据国家发展改革委员会每月公布的数据整理获得。

② 在《成都市统计年鉴》和《成都年鉴》两个数据来源中，对于各区的统计，并没有单列出各行政区大学的数量。因此，我们在此只是根据所能查到的中小学的数量控制学校对周边房价的影响。

③ 对于"医疗卫生资源的可及性"，我们采取指标"卫生机构病床数"进行衡量，此数据来于《成都年鉴》。

变量名称	均值	标准差	最小值	最大值
离电厂距离①	20. 286 97	11. 094 16	2	40
医疗可及性	4 175. 401	2 545. 89	117	8 711
学校数量	49. 027 79	19. 674 91	15	83
人口密度②	6 413. 943	633. 338	5 620	7 667
价格指数	100. 708 3	0. 605 940 2	99. 3	101. 9

为了直观表示出各行政区的房价水平，我们单独对房屋的均价分区进行了汇总，从表 5.2 看出，成华区在此时间段内的房屋均价最低，为 4 788 元/平方米，锦江区均价最高位 5 360 元/平方米。图 5.3 则表现得更加明显。

表 5.2　　　　　　　　各区房价统计分析

区域名称	均值	标准差	最小值	最大值
成华区	4 787. 579	1 294. 692	511. 441 1	34 711. 59
锦江区	5 360. 27	1 594. 657	658. 238	57 926. 25
青羊区	5 355. 741	1 680. 769	924. 375 4	30 056. 91
武侯区	5 177. 996	1 627. 315	434. 349 2	33 661. 17
高新区	4 863. 522	1 510. 558	766. 680 7	20 552. 52
金牛区	4 936. 598	1 301. 219	754. 629 8	17 240. 66

---

① 房屋所在区域离电厂的距离是从成都市街道详图上测量获得，地图比例尺为 1∶39 000。在我们能力的范围之内，为了相对更加准确地测量这个距离，我们划分房屋所在地区域、环域以及方位，三个变量共同形成一个比较细致的范围进行测量。

② 单位为"人/平方千米"。

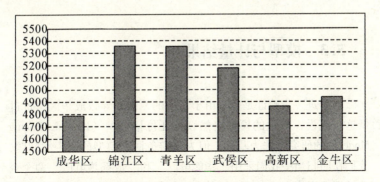

图 5.3   各行政区域房屋均价（2006—2008 年）

在本章中的前言部分我们已经分析到，由于成都市的城东地区主要是成华区，是新中国成立以来成都的老工业区。由于火电厂的存在，导致此区域汇集了成都主要依靠火电来进行密集生产的工业，进而导致此区域的环境受到了严重的破坏，各种配套设施也没有跟上时代的发展。那么这种现象是否最终导致了成华区房价相对于其他区域较低呢？我们主观地认为答案是肯定的。这就产生了本部分的假设一。

假设一：由于电厂的存在而导致环境的破坏，会使得此区域内房价相对其他区域较低。

进一步讲，如果电厂的搬迁使得电厂周围的房价提高，那么随着时间的变化，电厂搬迁之后会使得周围的房价与其他区域的房价差距相对减小，从而产生了本章的假设二。

假设二：由于电厂的搬迁污染的减少，会使得电厂区域的房价相对于其他地方的房价差距相对减小。

但我们的假设是否会得到现实的验证，只是从统计分析还无法给予很具有说服力的证明，因此还需要我们利用实证模型来进行深入的分析。本章的下一节就针对这两个假设展开实证分析。

5.3 模型与计量结果

为了进一步验证是否是由于污染的原因而导致成华区房价过低这一假设，本章的模型仍然以特征价格模型（Hedonic Pricing Model）的研究方法为基础，但为了避免回归模型的内生性问题，我们在回归当中我们采用"华能电厂"和"成都热电厂"两个企业的搬迁作为自然实验方法的基础。其操作的方式是计算出不同区域的房屋与两个电厂的距离作为观测的主要变量，以房屋的均价作为我们被解释变量进行回归。其基本的模型如下：

$$\log p_{it} = \alpha_0 + \beta X_{it} + \gamma_1 t + \gamma_2 t^2 + \gamma_3 Distance + \varepsilon_{it} \qquad (5.1)$$

现说明变量的选择及其依据：

被解释变量为"每套房屋的均价"，与第 4 章相同，依据以往的研究（Murdoch、Singh、Thayer，1993 等），我们对价格取对数。

主要解释变量为：Distance 表示每套房产所在的区域离电厂的距离，由于在技术上我们没有办法测量出每套房产到电厂的"点与点"① 之间的距离，因此我们根据房屋所在的"行政区"②、"环域"以及房屋所在的"方位"，进行测量。我们最为

---

① 这种"点与点"之间的距离，可以通过 GIS（地理信息系统）根据每个点的经纬度可以进行测量，使用 GIS 软件需要输入成都的街道和更为微观的位置详图，但是这种做法我们自己无法达到，因为需要大量的资金。

② 所谓的"行政区"就是以上所说的五城区加高新区；"环域"分为一环、二环、三环、三环以外，而且根据成都市中心城区的特殊情况，我们又添加了"内环"，这种方式在成都市房地产市场分析中是政府和公司一种通行的做法；"方位"是指房屋在各个环域和行政区中所在的位置，分为东、南、西、北、东南、东北、西南、西北和中心。比如一套房屋在青羊区的三环东部，我们就根据这个方位进行测量，以尽我们最大的努力来减少测量距离所出现的测量误差。

关心的系数为 γ_3，如果由于电厂的存在使得成华区的房价像统计分析部分所导致的相对较低的现象，那么我们认为这个系数应该为负，这也就是本章的假设一。然而，如果是由于电厂的搬迁确实对房价产生正面的影响，那么我们认为此系数应该随着时间的变化而回归得到的值将会逐步的变小。t 为时间趋势项以及时间趋势的平方项 t^2，用于控制成都市及周边地区楼价可能存在的时间趋势。

X 为模型所控制的一系列的控制变量，包括：

（1）房屋的楼层（Fno）：房屋的楼层也是决定房屋价格的一个重要指标。

（2）房屋面积（Foomarea）：每套住房的面积，以平方米为单位，为了捕捉可能存在的非线性影响，我们还控制了其平方项。

（3）物业类型（Housetype）：住房分别属于电梯公寓、普通多层住宅、别墅和商住两用房，由于不同的物业类型可能存在不同的特征，这些独有的特征可能会进一步影响房屋的价格。

（4）房屋购买方式（Pstatuse）：分为期房还是现房，由于两种方式购房导致入住的时间不同，如果是期房会等待很长的时间，因此会对房屋的价格产生一定的负面影响。

（5）房价指数（Index）：控制价格指数的目的是为了在一定程度上剔除由于全国的房地产市场价格变化趋势对成都地区住房价格产生的影响。

（6）医疗可及性（行政区内的病床数）（Hospital - bed）：房产所在的行政区内的病床数可以作为在本行政区内居住居民的医疗卫生资源的可及性，医疗可及性也是影响购房者购房房屋的一个主要原因。我们认为医疗可及性越强对本区域的房价会产生正向的作用，也就是说其系数应该为正。

（7）学校的数量（School - number）：一区域中学校数量越多，人们受教育的可及性越强，对房价也应该会产生正的作用。

（8）人口密度（Population - density）：直观上这一变量对房价会具有潜在的影响，密度越大的地区对新增房屋的需求越大。但是正向还是负向是比较模糊的。比如说在某些人均收入较高的区域，虽然人口相对较为稀少但是房价肯定相比其他区域会很高，因此它对于房价的影响是正是负我们无法做出事先的假设。

此外，在各种模型回归时采用稳健性标准差（Robust Standard Errors），来处理随机扰动项 ε_{it} 之间可能存在的自相关和异方差问题。

对于假设一的回归结果详见表 5.3。从结果来看，我们最主要关心的变量——距离，对房价的影响在四次回归当中都显著为正，且存在非线性的影响，说明电厂的存在导致此区域的环境质量受到很大的负面影响，进而使得此区域的房价相对于远离电厂的房价相对较低，从而验证了本章所提出的假设一。其他的系数基本上符合我们的事先预期，房价指数为正，说明伴随着国内房价大涨的趋势，成都的房价也在进一步的上涨。楼层的价格一次项为正，与本书的第 4 章所研究的结论相符。时间趋势项也存在着非线性的影响，可能由于在 2008 年房地产市场的调整从而导致这种现象的存在。房屋面积也存在着非线性的影响。医疗可及性的系数显著为正，说明人们在选择房屋的时候对于医疗可及性问题也是着重考虑的因素。但是让我们感到意外的是，学校的数量反而显著为负，这和我们的预期相反，原因我们看来可能我们只是控制了房屋所在区域的学校数量，而没有控制学校的质量，但是学校的质量我们也没有找到很好的判断标准来说明什么学校是高质量的什么是低质量的，因此无法进行控制。人口密度这一变量显著为正，说明人口密度越大越集中的地区，会使得房屋的需求越高从而导致次区域的房价越贵。有关物业的形态，普通多层、电梯公寓和商住两用房，他们相对于别墅价格都相对较低，他们的系数都显著为负，完全符合现实。相对于二环路至三环路房屋的价格，内环路至一环路、内环以内和一环路至二环路价格显著为正，而三环路以外的房屋价格与二环路至三环路相比，则显著为负，说明成都的房价成梯状分布，由内环至外环价格依次降低。

表 5.3　　　　　　　　总体样本回归结果

被解释变量 解释变量	（1） log（房屋均价）	（2） log（房屋均价）	（3） log（房屋均价）	（4） log（房屋均价）
距离	0.003 41 ***	0.002 57 ***	0.003 47 ***	0.003 25 ***
	(0.000 167)	(0.000 179)	(0.000 181)	(0.000 199)
距离^2	−0.000 765 **	0.000 362	−0.001 14 ***	−0.002 67 ***
	(0.000 370)	(0.000 382)	(0.000 384)	(0.000 382)
房价指数	0.069 0 ***	0.069 9 ***	0.068 3 ***	0.067 1 ***
	(0.001 02)	(0.001 02)	(0.001 01)	(0.001 01)
楼层	0.004 64 ***	0.004 73 ***	0.004 99 ***	0.005 23 ***
	(0.000 213)	(0.000 213)	(0.000 213)	(0.000 213)
时间趋势项	0.007 64 ***	0.007 52 ***	0.008 33 ***	0.008 54 ***
	(0.000 235)	(0.000 235)	(0.000 235)	(0.000 234)
时间趋势项^2	−0.000 208 ***	−0.000 205 ***	−0.000 228 ***	−0.000 234 ***
	(6.80e−06)	(6.79e−06)	(6.78e−06)	(6.76e−06)
房屋面积	0.229 ***	0.232 ***	0.220 ***	0.215 ***
	(0.003 85)	(0.003 87)	(0.003 94)	(0.003 93)
房屋面积^2	−2.069 ***	−2.092 ***	−1.989 ***	−1.947 ***
	(0.034 2)	(0.034 4)	(0.035 0)	(0.034 9)
医疗可及性		0.003 43 ***	0.015 7 ***	0.022 6 ***
		(0.000 244)	(0.000 304)	(0.000 364)
学校数量			−0.002 21 ***	−0.002 57 ***
			(3.90e−05)	(3.91e−05)
人口密度				0.055 5 ***
				(0.001 45)

表5.3(续)

被解释变量 解释变量	(1) log(房屋均价)	(2) log(房屋均价)	(3) log(房屋均价)	(4) log(房屋均价)
普通多层①	−0.589 ***	−0.586 ***	−0.589 ***	−0.587 ***
	(0.015 6)	(0.015 6)	(0.015 4)	(0.015 5)
电梯公寓	−0.613 ***	−0.609 ***	−0.620 ***	−0.620 ***
	(0.015 6)	(0.015 6)	(0.015 4)	(0.015 5)
商住两用房	−0.570 ***	−0.565 ***	−0.579 ***	−0.571 ***
	(0.015 7)	(0.015 8)	(0.015 6)	(0.015 7)
房屋购买方式 (期房 = 1)	−0.258 ***	−0.258 ***	−0.252 ***	−0.251 ***
	(0.005 24)	(0.005 26)	(0.005 21)	(0.005 22)
内环路至 一环路②	0.203 ***	0.198 ***	0.195 ***	0.170 ***
	(0.002 60)	(0.002 63)	(0.002 64)	(0.002 71)
内环以内	0.198 ***	0.199 ***	0.202 ***	0.151 ***
	(0.002 59)	(0.002 57)	(0.002 58)	(0.003 12)
三环路以外	−0.132 ***	−0.124 ***	−0.135 ***	−0.110 ***
	(0.001 25)	(0.001 30)	(0.001 32)	(0.001 49)
一环路至二环路	0.134 ***	0.132 ***	0.140 ***	0.121 ***
	(0.001 40)	(0.001 41)	(0.001 41)	(0.001 47)
Constant	−63.19 ***	−62.25 ***	−69.30 ***	−71.44 ***
	(1.971)	(1.971)	(1.970)	(1.962)
Observations	260 348	260 348	260 348	260 348
R − squared	0.337	0.337	0.346	0.350

注:各列括号里的数是white异方差稳健性标准差。上标" *** "、" ** "及" * "分别表示1%、5%和10%统计水平上显著。为了可视性我们对距离的平方项、楼层的平方项、病床数和人口密度分别除以100、1 000、1 000、1 000。

---

① 普通多层、电梯公寓和商住两用房都以别墅作为基准。

② 对于环域的回归,都是以二环路~三环路为基准。

由于两个电厂的搬迁进而导致电厂周围的环境大大改善，那么这种环境的变化是否能及时地反映到房价当中呢？为了验证本章的假设二，我们分时间段进行依次回归。表5.4～表5.6分别为2006年、2007年和2008年的回归结果，从各变量回归的结果来看和总样本回归的结果显著性水平基本相符，但2008年的样本回归结果显示，时间趋势项和房价指数不再显著了，这和2008年成都的发展形势完全相符。此外，其他物业形态与别墅的价格相比在2008年差距逐步拉大，也与我们本书的第4章的研究结果相一致。而从我们主要关心的距离这个变量的回归结果来看，我们发现2006—2008年的回归结果依次递减。从图5.4可以很清晰地看出这一点。

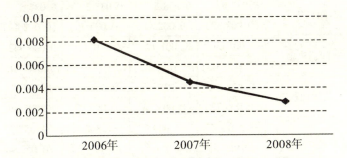

图5.4　距离一次项回归系数走势图（2006—2008 年）

此图显示，随着时间的推移，距离对价格的影响逐步减小，但是系数还是仍然为正，这种现象的存在也是有一定的合理性，因为环境的改善可以提高此区域的房价，但是也要有一个相应的过程。从我们的实地观测发现，此区域的配套设施正在进一步的完善，相信随着时间的继续往后推移，此区域的房价相比其他区域的差距将会进一步地缩小。进而也验证了本章的假设二。

表 5.4 　　　　　　　　　　2006 年样本回归结果

解释变量 ＼ 被解释变量	(1) log(房屋均价)	(2) log(房屋均价)	(3) log(房屋均价)	(4) log(房屋均价)
距离	0.008 20 ***	0.008 68 ***	0.008 43 ***	0.008 15 ***
	(0.000 279)	(0.000 294)	(0.000 290)	(0.000 321)
距离^2	−0.011 3 ***	−0.011 9 ***	−0.010 8 ***	−0.012 2 ***
	(0.000 648)	(0.000 660)	(0.000 651)	(0.000 648)
房价指数	0.083 2 ***	0.083 3 ***	0.073 7 ***	0.067 1 ***
	(0.006 40)	(0.006 39)	(0.006 32)	(0.006 31)
楼层	0.003 05 ***	0.003 10 ***	0.002 74 ***	0.003 18 ***
	(0.000 353)	(0.000 352)	(0.000 350)	(0.000 347)
时间趋势项	0.037 6 ***	0.038 5 ***	0.038 2 ***	0.032 5 ***
	(0.002 39)	(0.002 41)	(0.002 40)	(0.002 40)
时间趋势项^2	−0.001 09 ***	−0.001 12 ***	−0.001 11 ***	−0.000 942 ***
	(7.04e−05)	(7.10e−05)	(7.07e−05)	(7.06e−05)
房屋面积	0.226 ***	0.225 ***	0.208 ***	0.207 ***
	(0.005 72)	(0.005 76)	(0.005 93)	(0.005 89)
房屋面积^2	−2.019 ***	−2.009 ***	−1.862 ***	−1.857 ***
	(0.051 5)	(0.051 8)	(0.053 2)	(0.052 9)
医疗可及性		−0.001 84 ***	0.010 1 ***	0.020 6 ***
		(0.000 344)	(0.000 449)	(0.000 568)
学校数量			−0.002 42 ***	−0.002 98 ***
			(6.68e−05)	(6.88e−05)
人口密度				0.071 4 ***
				(0.002 32)
普通多层	−0.441 ***	−0.439 ***	−0.452 ***	−0.451 ***
	(0.021 6)	(0.021 5)	(0.021 4)	(0.021 7)
电梯公寓	−0.498 ***	−0.498 ***	−0.516 ***	−0.517 ***
	(0.021 7)	(0.021 6)	(0.021 5)	(0.021 8)

表5.4(续)

被解释变量 解释变量	(1) log(房屋均价)	(2) log(房屋均价)	(3) log(房屋均价)	(4) log(房屋均价)
商住两用房	-0.416 ***	-0.418 ***	-0.439 ***	-0.429 ***
	(0.022 0)	(0.021 9)	(0.021 8)	(0.022 1)
房屋购买方式 （期房＝1）	-0.184 ***	-0.184 ***	-0.182 ***	-0.177 ***
	(0.006 36)	(0.006 35)	(0.006 24)	(0.006 25)
内环路至一环路	0.185 ***	0.191 ***	0.187 ***	0.152 ***
	(0.003 96)	(0.004 19)	(0.004 02)	(0.004 11)
内环以内	0.219 ***	0.220 ***	0.223 ***	0.150 ***
	(0.002 74)	(0.002 75)	(0.002 72)	(0.003 34)
三环路以外	-0.083 8 ***	-0.088 4 ***	-0.102 ***	-0.057 1 ***
	(0.002 22)	(0.002 40)	(0.002 46)	(0.002 85)
一环路至二环路	0.107 ***	0.108 ***	0.118 ***	0.087 2 ***
	(0.002 70)	(0.002 73)	(0.002 77)	(0.002 73)
Constant	-318.8 ***	-327.0 ***	-323.3 ***	-274.9 ***
	(20.43)	(20.60)	(20.52)	(20.49)
Observations	78 258	78 258	78 258	78 258
R - squared	0.301	0.302	0.314	0.322

注：各列括号里的数是 white 异方差稳健性标准差。上标"***"、"**"及"*"分别表示1%、5%和10%统计水平上显著。为了可视性我们对距离的平方项、楼层的平方项、病床数和人口密度分别除以100、1 000、1 000、1 000。

表5.5　　　　　2007 年样本回归结果

被解释变量 解释变量	(1) log(房屋均价)	(2) log(房屋均价)	(3) log(房屋均价)	(4) log(房屋均价)
距离	0.004 88 ***	0.003 86 ***	0.005 33 ***	0.004 52 ***
	(0.000 243)	(0.000 261)	(0.000 268)	(0.000 292)

表5.5(续)

被解释变量 解释变量	(1) log(房屋均价)	(2) log(房屋均价)	(3) log(房屋均价)	(4) log(房屋均价)
距离^2	-0.004 66 ***	-0.003 30 ***	-0.006 04 ***	-0.008 06 ***
	(0.000 530)	(0.000 546)	(0.000 558)	(0.000 556)
房价指数	0.045 7 ***	0.047 1 ***	0.045 6 ***	0.045 8 ***
	(0.001 71)	(0.001 72)	(0.001 70)	(0.001 71)
楼层	0.004 85 ***	0.004 94 ***	0.005 62 ***	0.005 62 ***
	(0.000 314)	(0.000 314)	(0.000 313)	(0.000 314)
时间趋势项	-0.047 6 ***	-0.047 6 ***	-0.047 0 ***	-0.049 6 ***
	(0.002 61)	(0.002 61)	(0.002 58)	(0.002 57)
时间趋势项^2	0.001 40 ***	0.001 40 ***	0.001 38 ***	0.001 45 ***
	(7.53e-05)	(7.52e-05)	(7.42e-05)	(7.40e-05)
房屋面积	0.238 ***	0.243 ***	0.229 ***	0.223 ***
	(0.006 14)	(0.006 19)	(0.006 27)	(0.006 24)
房屋面积^2	-2.151 ***	-2.191 ***	-2.079 ***	-2.011 ***
	(0.054 4)	(0.054 8)	(0.055 5)	(0.055 2)
医疗可及性		0.004 27 ***	0.016 9 ***	0.023 7 ***
		(0.000 379)	(0.000 468)	(0.000 545)
学校数量			-0.002 18 ***	-0.002 54 ***
			(5.28e-05)	(5.23e-05)
人口密度				0.060 6 ***
				(0.002 17)
普通多层	-0.647 ***	-0.640 ***	-0.640 ***	-0.640 ***
	(0.023 2)	(0.023 3)	(0.023 2)	(0.023 4)
电梯公寓	-0.656 ***	-0.646 ***	-0.657 ***	-0.661 ***
	(0.023 2)	(0.023 3)	(0.023 2)	(0.023 4)
商住两用房	-0.641 ***	-0.631 ***	-0.645 ***	-0.642 ***
	(0.023 5)	(0.023 6)	(0.023 5)	(0.023 7)

表5. 5(续)

被解释变量 解释变量	(1) log(房屋均价)	(2) log(房屋均价)	(3) log(房屋均价)	(4) log(房屋均价)
房屋购买方式 (期房 = 1)	-0. 402 *** (0. 008 68)	-0. 404 *** (0. 008 72)	-0. 392 *** (0. 008 73)	-0. 391 *** (0. 008 70)
内环路至一环路	0. 210 *** (0. 003 59)	0. 208 *** (0. 003 56)	0. 204 *** (0. 003 59)	0. 173 *** (0. 003 70)
内环以内	0. 154 *** (0. 004 02)	0. 156 *** (0. 003 95)	0. 158 *** (0. 003 96)	0. 106 *** (0. 004 75)
三环路以外	-0. 134 *** (0. 001 78)	-0. 124 *** (0. 001 86)	-0. 137 *** (0. 001 90)	-0. 113 *** (0. 002 15)
一环路至二环路	0. 115 *** (0. 002 26)	0. 113 *** (0. 002 27)	0. 114 *** (0. 002 24)	0. 096 3 *** (0. 002 36)
Constant	415. 3 *** (22. 62)	415. 0 *** (22. 57)	409. 5 *** (22. 29)	431. 6 *** (22. 23)
Observations	118 468	118 468	118 468	118 468
R - squared	0. 298	0. 300	0. 309	0. 314

注:各列括号里的数是 white 异方差稳健性标准差。上标" *** "、" ** "及" * "分别表示1%、5%和10%统计水平上显著。为了可视性我们对距离的平方项、楼层的平方项、病床数和人口密度分别除以100、1 000、1 000、1 000。

表5. 6   2008 年样本回归结果

被解释变量 解释变量	(1) log(房屋均价)	(2) log(房屋均价)	(3) log(房屋均价)	(4) log(房屋均价)
距离	0. 003 10 *** (0. 000 388)	0. 002 98 *** (0. 000 410)	0. 002 15 *** (0. 000 412)	0. 002 83 *** (0. 000 439)
距离^2	-0. 001 37 *** (0. 000 826)	-0. 001 78 *** (0. 000 849)	-0. 001 64 *** (0. 000 851)	-0. 001 49 *** (0. 000 847)

表5.6(续)

被解释变量 解释变量	(1) log(房屋均价)	(2) log(房屋均价)	(3) log(房屋均价)	(4) log(房屋均价)
房价指数	0.001 42	0.004 21	0.000 567	0.003 05
	(0.007 58)	(0.007 53)	(0.007 44)	(0.007 42)
楼层	0.000 643	0.001 28 ***	0.001 70 ***	0.002 02 ***
	(0.000 461)	(0.000 459)	(0.000 457)	(0.000 457)
时间趋势项	0.002 90	0.007 22	0.005 21	0.004 90
	(0.004 72)	(0.004 70)	(0.004 68)	(0.004 67)
时间趋势项^2	$-9.13e-05$	$-0.000\ 213$	$-0.000\ 156$	$-0.000\ 148$
	(0.000 134)	(0.000 133)	(0.000 133)	(0.000 132)
房屋面积	0.162 ***	0.166 ***	0.162 ***	0.156 ***
	(0.010 6)	(0.010 4)	(0.010 5)	(0.010 5)
房屋面积^2	-1.510 ***	-1.531 ***	-1.495 ***	-1.435 ***
	(0.093 1)	(0.091 9)	(0.092 7)	(0.092 5)
医疗可及性		0.013 3 ***	0.026 9 ***	0.032 2 ***
		(0.000 607)	(0.000 810)	(0.000 899)
学校数量			$-0.002\ 19$ ***	$-0.002\ 43$ ***
			(9.51e-05)	(9.57e-05)
人口密度				0.046 7 ***
				(0.002 95)
普通多层	-0.836 ***	-0.806 ***	-0.783 ***	-0.782 ***
	(0.035 1)	(0.035 4)	(0.035 2)	(0.035 2)
电梯公寓	-0.811 ***	-0.769 ***	-0.753 ***	-0.750 ***
	(0.035 0)	(0.035 3)	(0.035 2)	(0.035 1)
商住两用房	-0.778 ***	-0.749 ***	-0.737 ***	-0.730 ***
	(0.035 2)	(0.035 5)	(0.035 4)	(0.035 3)
房屋购买方式 (期房=1)	0.008 05	0.015 4	0.009 55	0.010 6
	(0.015 6)	(0.015 9)	(0.015 8)	(0.015 9)

表5.6(续)

被解释变量 解释变量	(1) log(房屋均价)	(2) log(房屋均价)	(3) log(房屋均价)	(4) log(房屋均价)
内环路至一环路	0.245 ***	0.240 ***	0.251 ***	0.233 ***
	(0.007 33)	(0.007 35)	(0.007 54)	(0.007 52)
内环以内	0.343 ***	0.355 ***	0.360 ***	0.316 ***
	(0.007 74)	(0.007 64)	(0.007 67)	(0.008 41)
三环路以外	−0.173 ***	−0.143 ***	−0.148 ***	−0.129 ***
	(0.002 62)	(0.002 64)	(0.002 67)	(0.002 79)
一环路至二环路	0.194 ***	0.190 ***	0.206 ***	0.193 ***
	(0.002 33)	(0.002 33)	(0.002 44)	(0.002 60)
Constant	−10.05	−48.75	−30.47	−28.49
	(41.15)	(40.92)	(40.77)	(40.71)
Observations	63 622	63 622	63 622	63 622
R - squared	0.257	0.264	0.272	0.275

注：各列括号里的数是 white 异方差稳健性标准差。上标" *** "、" ** "及" * "分别表示 1%、5% 和 10% 统计水平上显著。为了可视性我们对距离的平方项、楼层的平方项、病床数和人口密度分别除以 100、1 000、1 000、1 000。

5.4 稳健性检验

虽然以上得到的结论在很大程度上支持了我们的猜想，但为了提供更加具有说服力的实证依据，我们必须对模型的稳健性水平进行检验。检验的方法与本书的第 4 章基本相符，我们把价格剔除了通货膨胀因素后再进行回归。表 5.7 为剔除通货膨胀因素后总样本的回归结果，从结果来看，其显著性水平和系数的大小基本和上一节中的系数没有太大的变化，而且相对而言系数还相对变大了一些。这种现象也同时存在于各年份的子样本回归的结果中，如表5.8所示。

表5.7 剔除通货膨胀因素后总体样本回归结果

被解释变量 解释变量	（1） log(房屋均价)	（2） log(房屋均价)	（3） log(房屋均价)	（4） log(房屋均价)
距离	0.003 42 ***	0.002 58 ***	0.003 47 ***	0.003 26 ***
	(0.000 166)	(0.000 178)	(0.000 180)	(0.000 198)
距离^2	−0.000 786 **	0.000 348	−0.001 15 ***	−0.002 67 ***
	(0.000 368)	(0.000 379)	(0.000 382)	(0.000 380)
房价指数	0.043 6 ***	0.044 5 ***	0.042 9 ***	0.041 7 ***
	(0.001 02)	(0.001 02)	(0.001 01)	(0.001 02)
楼层	0.004 67 ***	0.004 76 ***	0.005 02 ***	0.005 26 ***
	(0.000 213)	(0.000 213)	(0.000 212)	(0.000 212)
时间趋势项	0.006 10 ***	0.005 98 ***	0.006 78 ***	0.006 99 ***
	(0.000 234)	(0.000 234)	(0.000 234)	(0.000 233)
时间趋势项^2	−0.000 165 ***	−0.000 162 ***	−0.000 185 ***	−0.000 191 ***
	(6.76e−06)	(6.76e−06)	(6.75e−06)	(6.73e−06)
房屋面积	0.229 ***	0.232 ***	0.220 ***	0.216 ***
	(0.003 84)	(0.003 86)	(0.003 94)	(0.003 92)
房屋面积^2	−2.069 ***	−2.092 ***	−1.990 ***	−1.948 ***
	(0.034 1)	(0.034 3)	(0.034 9)	(0.034 8)
医疗可及性		0.003 45 ***	0.015 7 ***	0.022 6 ***
		(0.000 243)	(0.000 303)	(0.000 363)
学校数量			−0.002 20 ***	−0.002 56 ***
			(3.89e−05)	(3.90e−05)
人口密度				0.055 4 ***
				(0.001 45)

表5.7(续)

被解释变量 解释变量	(1) log(房屋均价)	(2) log(房屋均价)	(3) log(房屋均价)	(4) log(房屋均价)
普通多层	−0.589 ***	−0.586 ***	−0.589 ***	−0.587 ***
	(0.015 5)	(0.015 5)	(0.015 3)	(0.015 5)
电梯公寓	−0.610 ***	−0.605 ***	−0.617 ***	−0.616 ***
	(0.015 5)	(0.015 5)	(0.015 3)	(0.015 5)
商住两用房	−0.568 ***	−0.562 ***	−0.576 ***	−0.569 ***
	(0.015 7)	(0.015 7)	(0.015 5)	(0.015 7)
房屋购买方式 (期房 = 1)	−0.257 ***	−0.257 ***	−0.251 ***	−0.250 ***
	(0.005 24)	(0.005 27)	(0.005 22)	(0.005 23)
内环路至一环路	0.204 ***	0.199 ***	0.195 ***	0.170 ***
	(0.002 59)	(0.002 62)	(0.002 63)	(0.002 69)
内环以内	0.197 ***	0.198 ***	0.201 ***	0.150 ***
	(0.002 59)	(0.002 56)	(0.002 58)	(0.003 12)
三环路以外	−0.135 ***	−0.126 ***	−0.138 ***	−0.113 ***
	(0.001 24)	(0.001 29)	(0.001 31)	(0.001 48)
一环路至二环路	0.133 ***	0.131 ***	0.139 ***	0.120 ***
	(0.001 40)	(0.001 41)	(0.001 41)	(0.001 46)
Constant	−51.45 ***	−50.50 ***	−57.52 ***	−59.65 ***
	(1.961)	(1.962)	(1.961)	(1.953)
Observations	260 348	260 348	260 348	260 348
R − squared	0.307	0.308	0.317	0.321

注:各列括号里的数是 white 异方差稳健性标准差。上标 " *** "、" ** " 及 " * "分别表示1%、5%和10%统计水平上显著。为了可视性我们对距离的平方项、楼层的平方项、病床数和人口密度分别除以100、1 000、1 000、1 000。

表5.8　　剔除通货膨胀因素后各年样本回归结果

被解释变量 解释变量	2006 年 log(房屋均价)	2007 年 log(房屋均价)	2008 年 log(房屋均价)
距离	0.008 16 ***	0.004 25 ***	0.002 84 ***
	(0.000 321)	(0.000 293)	(0.000 439)
距离^2	−0.012 1 ***	−0.007 90 ***	−0.001 48 ***
	(0.000 648)	(0.000 558)	(0.000 848)
房价指数	0.042 9 ***	0.039 2 ***	−0.021 4 ***
	(0.006 31)	(0.001 71)	(0.007 43)
楼层	0.003 19 ***	0.005 65 ***	0.001 94 ***
	(0.000 346)	(0.000 315)	(0.000 458)
时间趋势项	0.029 3 ***	−0.068 7 ***	0.023 9 ***
	(0.002 40)	(0.002 58)	(0.004 69)
时间趋势项^2	−0.000 848 ***	0.002 00 ***	−0.000 681 ***
	(7.06e−05)	(7.43e−05)	(0.000 133)
房屋面积	0.207 ***	0.225 ***	0.156 ***
	(0.005 89)	(0.006 25)	(0.010 5)
房屋面积^2	−1.856 ***	−2.030 ***	−1.432 ***
	(0.052 9)	(0.055 2)	(0.092 7)
医疗可及性	0.020 7 ***	0.024 0 ***	0.032 3 ***
	(0.000 568)	(0.000 546)	(0.000 901)
学校数量	−0.002 98 ***	−0.002 53 ***	−0.002 42 ***
	(6.88e−05)	(5.24e−05)	(9.61e−05)
人口密度	0.071 6 ***	0.062 0 ***	0.047 3 ***
	(0.002 32)	(0.002 17)	(0.002 96)
普通多层	−0.451 ***	−0.639 ***	−0.781 ***
	(0.021 7)	(0.023 4)	(0.035 1)

表5.8(续)

被解释变量 解释变量	2006 年 log(房屋均价)	2007 年 log(房屋均价)	2008 年 log(房屋均价)
电梯公寓	-0.517 ***	-0.660 ***	-0.749 ***
	(0.021 8)	(0.023 4)	(0.035 1)
商住两用房	-0.429 ***	-0.642 ***	-0.729 ***
	(0.022 1)	(0.023 7)	(0.035 3)
房屋购买方式 (期房 = 1)	-0.177 ***	-0.395 ***	0.009 83
	(0.006 24)	(0.008 74)	(0.015 9)
内环路至一环路	0.151 ***	0.174 ***	0.232 ***
	(0.004 11)	(0.003 71)	(0.007 50)
内环以内	0.150 ***	0.103 ***	0.315 ***
	(0.003 34)	(0.004 76)	(0.008 41)
三环路以外	-0.056 8 ***	-0.112 ***	-0.130 ***
	(0.002 85)	(0.002 15)	(0.002 80)
一环路至二环路	0.086 9 ***	0.094 6 ***	0.193 ***
	(0.002 73)	(0.002 37)	(0.002 61)
Constant	-250.0 ***	595.4 ***	-200.3 ***
	(20.48)	(22.30)	(40.84)
Observations	78 258	118 468	63 622
R - squared	0.322	0.285	0.268

注:各列括号里的数是 white 异方差稳健性标准差。上标 " *** "、" ** " 及 " * "分别表示 1%、5% 和 10% 统计水平上显著。为了可视性我们对距离的平方项、楼层的平方项、病床数和人口密度分别除以 100、1 000、1 000、1 000。

5.5　本章小结

　　环境问题已经成为我国乃至全世界关注的重点话题。人类的行为在影响着自然环境的变化，但是反过来，自然环境的变化又会影响人类行为的改变，这种行为的变化最终会影响经济体的运行，进而会把环境因素资本化到实物资产当中。从现今的学术界来看，研究污染对市场产品（Marketed Goods）的影响在国外很受重视，研究成果较为丰富。但是从国内的研究现状来看并不乐观，从我们的文献搜索发现，此课题在国内的研究甚少。相对于国内匮乏的研究，国外有关污染对房价影响的文章却较为丰富。本章在借鉴前人研究方法的基础上，采用成都市成华区电厂的搬迁和治理这一自然实验的现象，深入探究了电厂的存在和搬迁（或者说环境的变化）对房地产价格的影响，通过研究我们发现：①电厂所带来的污染确实导致了此区域房价相比其他地区较低；②电厂的搬迁使得此地区的房价正在逐步的上升，与其他区域的房价差距正在逐步的缩小。

　　从政策的角度上来讲，政府应该注重人们赖以生存的环境问题，尤其是对于高污染的行业应该加强综合的治理，只是靠行业地理位置的转移无法达到最终的目的，重中之重应该提高企业的环保意识，注重对本行业污染的治理，加强防止污染的技术改造。当然，纯粹靠企业的意识的提高来治理污染问题，从理论上来讲是无法达到的，仍主要靠政府的大力监管以及通过经济手段来减少污染的排放，比如征收污染税就是一个比较可行的办法，对于高污染的行业不单单监管其减少污染的技术改造，而且通过税收的形式来约束其污染的程度。

6 结论、建议与展望

6.1 研究结论与政策建议

本书通过采用较高质量的微观数据遵循"自然实验"实证研究思想，实证检验了信贷政策的变化、自然灾害（地震）以及电厂（污染）对人们行为的影响。其主要研究结论与政策建议如下。

（1）第2章，我们发现中央利率调控对房地产市场有明显的作用，尤其是对于微观个体的贷款决策效果尤为显著。实证检验结果显示：当长期贷款利率升幅较短期贷款利率升幅高0.1个百分点时，贷款者选择短期贷款的概率增加7.5～8.4个百分点。此外，我们还发现首付比例政策并没有得到地方银行的严格实施。

因此，我们建议政府制定规制房地产的政策时，要充分意识到货币政策（利率政策）的重要性，进一步重视利率政策对房地产市场的调整作用，合理拉开长短期贷款利率的差距。这种做法一是可以优化银行的贷款结构，以避免信贷风险的出现，二是可以影响购房者的贷款成本从而调整贷款的期限，尤其是对于以投资或者投机为主的购房者，可以加大其投资的成本。

此外包括首付比例等相关政策的实施，政府需加大监管的力度。

（2）第3章，通过问卷调查，我们对"5·12"汶川地震后成都市潜在购房者住房消费现状进行了分析与研究，并与地震之前的调查数据进行了对比。我们发现：地震对潜在购房者购房计划并没有很大的影响，特别是对于买与不买的决策对人们的影响不大，但对其所偏好的房屋类型以及购房决策因素影响显著，其中包括开发商质量的选择；房屋楼层的选择，表现在地震之后的人们更加偏好于低楼层住宅。本章的目的也是为了向本书的第4章提供直观的现实依据。

（3）我们采用地震之前与地震之后1年的实际交易数据进行实证检验，研究发现，地震造成了灾区住房价值约每套37 210元的下降，占住房平均总价值的8%；进而通过观测地震前后楼层的价格差异以及差异的变化趋势，我们进一步发现，在地震后1年的时间内，不同楼层的价格均呈现显著的反转趋势，具体表现在：高层住房价格先下降而后上升，低层住房价格（特别是别墅）先大幅上升而后快速的下降。根据"反应过度"理论（Be Bondt、Thaler，1985；Brooks等，2003等），我们得出房地产市场与资本市场一样，存在"反应过度"现象的结论。

此外，为了验证所得结论的准确性，我们进行了一系列的稳健性检验。首先，我们对不同物业（别墅、普通多层、电梯公寓、商住两用房）地震前后的变化进行了分类描述，进而对于实证模型部分我们把被解释变量变换为房屋的均价，而且剔除了通货膨胀因素进行了回归。最后，我们把地震之后政府所采取的稳定市场的政策进行了分类的汇总描述，得知文章所得到的结论是稳健的。此研究对于现今我国房地产市场中房价存在的大起大落现象能够从微观的角度给予很好的解释。而对于政策的制定而言，主要建议政府在制定政策之时，要充分考虑到人们通过政策而导致的对市场的预期。人们的认知变化往往会加大政策的最终实施效果，从而导致房地产价格的过度波动。

（4）本书的第 5 章，利用成都市成华区华能电厂和成都热电厂搬迁这一自然实验，我们实证研究了自然环境的变化对房价的影响。结果发现：环境的变化确实对一地区的房价有显著的影响，在控制房屋自身属性以及邻里属性的前提下，搬迁带来环境的好转显著地体现在房价上。

从政策的角度上来我们建议政府应该注重人们赖以生存的环境问题，尤其是对于高污染的行业应该加强综合的治理，只是靠行业的转移无法达到最终的目的，重中之重应该提高企业的环保意识，注重对本行业污染的治理，加强防止污染的技术改造。当然，纯粹靠企业的环保意识的提高来治理污染问题，从理论上来讲是无法达到的，仍主要靠政府的大力监管以及通过经济手段来减少污染的排放，比如征收污染税就是一个比较可行的办法，对于高污染的行业不单单监管其减少污染的技术改造，而且通过税收的形式来约束其污染的程度。

6.2 研究展望

虽然，本研究通过自然实验的方法对相关的问题进行了实证的检验，而且有些问题的探讨在国内或者国外都是第一次出现，但仍然存有不足之处。部分建议虽然给出了实证支持，进而给出了政策建议，但是对于复杂的现实世界我们仍然可能没有把握全面。针对利率对房地市场的调节，如何能够建立起一套相对科学的机制，把投资、投机与自住型购房者合理分开，促进合理的自住型房地产消费，加大投资与投机性的消费成本，可能是将来更具有现实意义的研究课题。

参考文献

中文文献：

［1］邓国营，柴国俊，邓富民．住房价值与社区质量——基于城镇住户微观数据的实证研究［J］．财贸经济，2011（9）．

［2］陈国进，范长平．我国股票市场的过度反应现象及其成因分析［J］．南开经济研究，2006（3）．

［3］成都房地产经济与管理研究会．2007 年成都购房者置业需求调查报告［R］．2008．

［4］丁晨，屠梅曾．论房价在货币市场传导机制中的作用——基于 VECM 分析［J］．数量经济技术经济研究，2007（11）．

［5］丁润，孙武军．政府行为、系统性风险与金融稳定性［J］．经济理论与经济管理，2007（7）．

［6］杜敏杰，刘霞辉．人民币升值预期与房地产价格变动［J］．世界经济，2007（1）．

［7］范志勇．中国房地产政策回顾与探析［J］．学术交流，2008（8）．

［8］冯浩，陆铭．通过买房而择校：教育影响房价的经验证据与政策含义［J］．世界经济，2010（12）．

［9］何来维．利率期限结构理论与模型研究评析［J］．经

济社会体制比较，2007（6）.

　　[10] 姜春梅. 中国房地产市场投机泡沫实证分析［J］. 管理世界，2005（12）.

　　[11] 况伟大. 房价与地价关系研究：模型及中国数据检验［J］. 财贸经济，2005（11）.

　　[12] 梁云芳，高铁梅. 我国商品住宅销售价格波动成因和实证分析［J］. 管理世界，2006（8）.

　　[13] 梁云芳，高铁梅，贺书平. 房地产市场与国民经济协调发展的实证分析［J］. 中国社会科学，2006（3）.

　　[14] 梁云芳，高铁梅. 中国房地产价格波动区域差异的实证分析［J］. 经济研究，2007（8）.

　　[15] 李斌. 中国货币政策有效性的实证研究［J］. 金融研究，2001（7）.

　　[16] 李信儒，马超群，李昌军. 基于 Hedonic 价格模型的城镇基准地价研究［J］. 系统工程，2005（12）.

　　[17] 刘树成，张晓晶，张平. 实现经济周期波动在适度高位的平滑化［J］. 经济研究，2005（11）.

　　[18] 平新乔，陈敏彦. 融资、地价与楼盘价格趋势［J］. 世界经济，2004（7）.

　　[19] 沈悦，刘洪玉. 住宅价格与经济基本面：1995—2002年中国 14 城市的实证研究［J］. 经济研究，2004（6）.

　　[20] 谭刚. 关于房地产周期波动的比较研究——深圳—中国［J］. 中外房地产导报，2000（9）.

　　[21] 王国军，刘水杏. 房地产业对相关产业的带动效应研究［J］. 经济研究，2004（8）.

　　[22] 王来福，郭峰. 货币政策对房地产价格的动态影响研究——基于 VAR 模型的实证［J］. 财经问题研究，2007（11）.

　　[23] 王永宏，赵学军. 中国股市"惯性策略"和"反转策

略"的实证分析 [J]. 经济研究, 2001 (6).

[24] 温海珍. 城市住宅的特征价格: 理论分析与实证研究 [M]. 杭州: 浙江大学出版社, 2004.

[25] 吴璟. 中国城市住房价格短期波动规律研究 [M]. 北京: 清华大学出版社, 2009.

[26] 许承明, 王安兴. 风险转移规制与房地产价格泡沫的控制 [J]. 世界经济, 2006 (9).

[27] 杨帆, 李宏谨, 李勇. 泡沫理论与中国房地产市场 [J]. 管理世界, 2005 (6).

[28] 严金海. 中国的房价与地价: 理论、实证和政策分析 [J]. 数量经济技术经济研究, 2006 (1).

[29] 袁志刚, 樊潇彦. 房地产市场理性泡沫分析 [J]. 经济研究, 2003 (3).

[30] 张丽芳, 濮励杰, 等. 基于 Hedonic 模型的城市地价空间结构分析——以湖南省娄底市为例 [J]. 经济地理, 2009 (9).

[31] 张静, 李冬梅, 周强, 张丽芳, 濮励杰. 基于 GIS 分析的城市商业基准地价空间演变规律研究——以娄底市市区为例 [J]. 中国土地科学, 2009 (11).

[32] 张涛, 龚六堂, 卜永祥. 资产回报、住房按揭贷款与房地产均衡价格 [J]. 金融研究, 2006 (2).

[33] 张晓晶, 孙涛. 中国房地产周期与金融稳定 [J]. 经济研究, 2006 (1).

[34] 郑光辉. 房价与地价因果关系实例分析 [J]. 中国土地, 2004 (11).

[35] 郑捷奋. 城市轨道交通与周边房地产价值关系研究 [M]. 北京: 清华大学出版社, 2004.

[36] 周京奎. 房地产价格波动与投机行为 [J]. 当代经济

科学, 2005 (4).

[37] 周京奎. 货币政策、银行贷款与住宅价格——对中国4 个直辖市的实证研究 [J]. 财贸经济, 2005 (5).

[38] 周黎安, 陈烨. 中国农村税费改革的政策效果: 基于双重差分模型的估计 [J]. 经济研究, 2005 (8).

英文文献:

[1] AOKI K, PROUDMAN J, VLIEGHE G. House prices, consumption, and monetary policy: a financial accelerator approach [J]. Journal of Financial Intermediation, 2004, 13: 414 – 435.

[2] BARBERIS N, SHLEIFER A, VISHNY R. A model of investor sentiment [J]. Journal of Financial Economics, 1998, 49: 307 – 343.

[3] BENITO A. The down – payment constraint and UK housing market: does the theory fit the facts? [J]. Journal of Housing Economics, 2006, 15: 1 – 20.

[4] BERON K, MURDECH J, Thayer M, Vijverberg M. An analysis of the housing market before and after the 1989 Loma Prieta Earthquake [J]. Land Economics, 1997, 73: 101 – 113.

[5] BERNANKE B, BLINDER A. The federal funds rate and the channels of monetary transmission [J]. Journal of American Economic Review, 1992, 82: 901 – 921.

[6] BERNKNOPF R, BROOKSHIRE D, Thayer M. Earthquake and volcano alerts: an economic evaluation of risk perception changes [J]. Journal of the American Real Estate and Urban Economics Association, 1993, 21: 167 – 184.

[7] BIN O, POLASHY S. Effects of flood hazards on property

values: evidence before and after Hurricane Floyd [J]. Land Economics, 2004, 80: 490 – 500.

[8] BLOMQUIST G C. The effect of electric utility power plant location on area property value [J]. Land Economics, 1974, 50: 97 – 100.

[9] BREMER M, SWEENEY R. The Reversal of Large Stock – Price Decreases [J]. Journal of Finance, 1991, 46: 747 – 754.

[10] BROOKSIRE D, HAYER M, and TSCHIRHART, Schulze W. A test of the expected utility model: evidence from earthquake risks [J]. Journal of Political Economy, 1985, 93: 369 – 389.

[11] BROOKS R, PATEL A, and SU T. How the equity market responds to unanticipated events [J]. Journal of Business, 2003, 76: 109 – 133.

[12] BROOLSHIRE D, SCHULZE W. Method's development for valuing hazards information [J]. Technical report, Institute for Policy Research, University of Wyoming, Laramie, Working Paper, 1980.

[13] CASE K, SHILLER R. The efficiency of the market for single – family homes [J]. American Economic Review, 1989, 79: 125 – 137.

[14] CHAMBERS M, GARRIGA C, SCHLAGENHAUF D. Mortgage contracts and housing tenure decisions chambers [J]. Federal Reserve Bank of St. Louis, Working Paper, 2007.

[15] CHANGE R, MCLEAVEY D, RHEE S. Short – term abnormal returns of the contrarian strategy in the Japanese stock market [J]. Journal of Business Finance and Accounting, 1995, 22: 1035 – 1048.

[16] CHAY K Y, GREENSTONE M. Does air quality matter? - Evidence from the housing market [J]. Journal of Political Economy, 2005, 113: 376 - 424.

[17] COURT A T. Hedonic price indexes with automotive example: the dynamics of automobile demand [J]. New York: General Motors Corporation, 1939: 98 - 119.

[18] DALE L, MURDOCH J C, THAYER M A, WADDELL P A. Do property values rebound from environmental stigmas? - Evidence from Dallas [J]. Land Economics, 1999, 75: 311 - 326.

[19] DAVID E L. Lakeshore property values: a guide to public investment in recreation [J]. Water Resources Research, 1968, 4: 697 - 707.

[20] DE BONDT W, THALER R. Does the stock market overreact? [J]. Journal of Finance, 1985, 73: 101 - 113.

[21] DE BONDT W, THALER R. Further evidence on investor overreaction and stock market seasonality [J]. Journal of Finance, 1987, 42: 557 - 581.

[22] DENG Y, DELLA Z, LI C. An early assessment of residential mortgage performance in China [J]. Journal of Real Estate Finance and Economics, 2005, 31: 117 - 136.

[23] DEYAK T A, SMITH V K. Residential property values and air pollution: some new evidence [J]. Quarterly Review of Economics and Business, 1974, 14: 93 - 100.

[24] EDERINGTON L, LEE J. How markets process information: news releases and volatility [J]. Journal of Finance, 1993, 22: 1161 - 1168.

[25] EDETINGTON L, LEE J. The short - run dynamics of the

price adjustment to new information [J]. Journal of Financial and Quantitative Analysis, 1995, 30: 117 – 134.

[26] ELBOURNE A. The UK housing market and the monetary policy transmission mechanism: an SVAR approach [J]. Journal of Housing Economics, 2008, 17: 65 – 87.

[27] EPP D J, AL – ANI K S. The effect of water quality on rural nonfarm residential property values [J]. American Journal of Agricultural Economics, 1979, 61: 529 – 534.

[28] FILARDO A. Should monetary policy responds to asset price bubbles? Some experimental results [J]. Federal Reserve Bank of Kansas City Working paper, 2001. available at http://www. Kansascityfed. org/.

[29] FLEMING M, REMOLONA E. Price formation and liquidity in the U. S. treasury market: the response to public information [J]. Journal of Finance, 1999, 54: 1901 – 1927.

[30] FLOWER P C, RAGAS W R. The effects of refineries on neighborhood property values [J]. Journal of Real Estate Research, 1994, 9: 319 – 338.

[31] FRATANTONI M, SCHUH S. Monetary policy, housing, and heterogeneous regional markets [J]. Journal of Money, Credit and Banking, 2003, 35: 557 – 589.

[32] GATALAFF D, TIRTITOGLU D. Real estate market efficiency: issues and evidence [J]. Journal of Real Estate Literature, 1995, 3: 157 – 189.

[33] GAMBLE H B, DOWNING R H. Effects of nuclear power plants on residential property values [J]. Journal of Regional Science, 1982, 22: 457 – 478.

[34] GIULIODORI M. Monetary policy shocks and the role of house prices across European countries [J]. Scottish Journal of Political Economy, 2005, 52: 519 - 543.

[35] GLAESER E. Psychology and the market [J]. American Economic Review, 2004, 94: 408 - 413.

[36] GREENSTONE M, GALLAGHER J. Does hazardous waste matter? Evidence from the housing market and the superfund program [J]. NBER Working Paper, 2005, No. 11790.

[37] HAMEED A, TING S. Trading volume and short - horizon contrarian profits: evidence from the Malaysian market [J]. Pacific - Basin Finance Journal, 2000, 8: 67 - 84.

[38] HARRISON D, RUBINFELD D. Hedonic housing pricing and the demand for clean air [J]. Journal of Environment Economics and Management, 1978, 5: 81 - 102.

[39] HARRISON D, RUBINFELD D L. Hedonic housing prices and the demand for clean air [J]. Journal of Environmental Economics and Management, 1987, 5: 81 - 102.

[40] HEGEDUS J, ROGOZHINA N, SOMOGYI R, STRUYK R, TUMANOV A. Potential effects of subsidy programmes on housing affordability: the cases of Budapest and Moscow [J]. European Journal of Housing Policy, 2004, 4: 151 - 184.

[41] IACOVIELLO M. House prices, borrowing constraints, and monetary policy in the business cycle [J]. American Economic Review, 2005, 95: 739 - 764.

[42] JEGADEESH N. Evidence of predictable behavior of security returns [J]. Journal of Finance, 1989, 45: 881 - 889.

[43] KAHNEMAN D, TVERSKY A. Prospect theory: an analy-

sis of decision under risk [J]. Econometrica, 1979, 47: 263 -291.

[44] KAHNEMAN D, TVERSKY A. On the psychology of prediction [J]. Psychological Review, 1973, 80: 237 -251.

[45] KETKAR K. Hazardous waste sites and property values in the state of New Jersey [J]. Applied Economics, 1992, 24: 647 -659.

[46] KIEL K A, MCCLAIN K T. House prices during sitting decision stages: the case of an incinerator from rumor through operation [J]. Journal of Environmental Economics and Management, 1995, 28: 241 -255.

[47] KREPS G. Sociological inquiry and disaster research [J]. Annual Review of Sociology, 1984, 10: 309 -330.

[48] LEGGETT C G, BOCKSTAEL N E. Evidence of the effects of water quality on residential land prices [J]. Journal of Environmental Economics and Management, 2000, 39: 121 -144.

[49] LEHMANN B. Fads, martingales, and market efficiency [J]. Quarterly Journal of Economics, 1990, 105: 1 -28.

[50] LIANG Q, CAO H. Property prices and bank lending in China [J]. Journal of Asian Economics, 2007, 18: 63 -75.

[51] LI M M, BROWN J. Micro - neighborhood externalities and hedonic housing prices [J]. Land Economics, 1980, 56: 125 - 140.

[52] LINDELL M, PERRY R. Household adjustment to earthquake hazard [J]. Environment and Behavior, 2000, 32: 461 -501.

[53] LINDELL M, WHITNEY D. Correlates of household seismic hazard adjustment adoption [J]. Risk Analysis, 2000, 20: 13

-25.

[54] LI S, ZHENG Y. Financing home purchase in China, with special reference to Guangzhou [J]. Housing Studies, 2007, 22: 409 - 425.

[55] MCCLELLAND G H, SCHULZE W D, HURD B. The effect of risk beliefs on property values: a case study of a hazardous waste site [J]. Risk Analysis, 1990, 10: 485 - 497.

[56] MCGINNIS A. The effect of earthquake risk on the San Francico Bay area housing market: how has it changed since the Loma Prieta and Northridge Earthquake? [D]. Stanford University Thesis, 2004.

[57] MEYER B D. Natural and quasi - experiments in economics [J]. Journal of Business & Economic Statistics, 1995, 13: 151 - 161.

[58] MISHKIN F. The transmission mechanism and the role of asset prices in monetary policy [J]. NBER Working Paper 8617, 2001.

[59] MOORE, CONWAY L V. Economic effects of hazardous chemical and proposed radioactive waste landfills on surrounding real estate values [J]. Journal of Real Estate Research, 1992, 7: 283 - 295.

[60] MURDOCH J C, SINGH H, THAYER M. The impact of natural hazards on housing values: the loma prieta earthquake [J]. Journal of the American Real Estate and Urban Economics Association, 1993, 21: 167 - 184.

[61] MURDOCH J C, THAYER M A. Hedonic price estimation of variable urban air quality [J]. Journal of Environmental Econom-

ics and Management, 1988, 15: 143 – 146.

[62] NAKAGAWA M, SAITO M, YAMAGA H. Earthquake risk and housing rents: evidence from the Tokyo Metropolitan Area [J]. Regional Science and Urban Economics, 2007, 37: 87 – 99.

[63] NAKAGAWA M, SAITO M, YAMAGA H. Earthquake risk and land prices: evidence from the Tokyo Metropolitan Area [J]. Japanese Economic Review, 2009, 60: 208 – 222.

[64] NELSON A C, GENEREUX J, GENEREUX M. Price effects of landfills on house values [J]. Land Economics, 1992, 68: 359 – 365.

[65] NELSON J P. Three Mile Island and residential property values: empirical analysis and policy implications [J]. Land Economics, 1981, 57: 363 – 372.

[66] ÖNDER Z, DÖKMECI V, KESHIN B. The impact of public perception of earthquake risk on Istanbul' s housing market [J]. Journal of Real Estate Literature, 2004, 12: 181 – 194.

[67] PALM R. Natural hazards: an integrative framework for research and planning [M]. Baltimore: Johns Hopkins University Press, 1990.

[68] PALM R. Pre – disaster planning: the response of residential real estate developers to special studies zones [J]. International Journal of Mass Emergencies and Disasters, 1987, 5: 95 – 102.

[69] PALM R. Public response to earthquake hazard information [J]. Annals of the Association of American Geographers, 1981, 71: 389 – 399.

[70] PEEK J, POSENGREN E, TOOTELL G. Identifying the macroeconomic effect of loan supply shocks [J]. Journal of Money,

Credit and Banking, 2003, 35: 931 - 46.

[71] QUIGLEY J. Real estate prices and economic cycles [J]. International Real Estate Review, 1999, 2: 1 - 20.

[72] RACHEL N, TENREYRO S. Hot and cold seasons in the housing markets [J]. London School of Economics Research Online, available at: http://eprints. lse. ac. uk/4994.

[73] REICHERT A K, SMALL M, MOHANTY S. The impact of landfills on residential property values [J]. Journal of Real Estate Research, 1992, 7: 297 - 314.

[74] RIGOBON R, SACK B. The impact of monetary policy on asset prices [J]. Journal of Monetary Economics, 2004, 51: 1553 - 1575.

[75] ROSEN S. Hedonic prices and implicit markets: product differentiation in pure competition [J]. Journal of Political Economics, 1974, 82: 34 - 55.

[76] SHELOR R, ANDERSON D, and MARK C. Gaining from loss: property - liability insurer stock values in the aftermath of the 1989 California Earthquake [J]. Journal of Risk and Insurance, 1992, 59: 476 - 488.

[77] SHELOR R, ANDERSON D, MARK C. The impact of the California Earthquake on Real Estate Firm's stock value [J]. Journal of Real Estate Research, 1991, 5: 335 - 340.

[78] SLOVIC P. Perception of Risk [J]. Science, 1987, 236: 280 - 285.

[79] STEINNES D N. Measuring the economic value of water quality [J]. Annals of Regional Science, 1992, 26: 171 - 176.

[80] TVERSKY A, KAHNEMAN D. Advances in prospect the-

ory: cumulative representation of uncertainty [J]. Journal of Risk and Uncertainty, 1992, 5: 297 - 323.

[81] VISCUSI W. Sources of inconsistency in societal responses to health risks [J]. American Economic Review, 1990, 80: 257 - 261.

[82] WEAVER W. Earthquake events and real estate portfolios: a survey result [J]. Journal of Real Estate Research, 1990, 5: 277 - 280.

[83] WILLIS K G, ASGARY A. The impact of earthquake risk on housing markets: evidence from Tehran Real Estate Agents [J]. Journal of Housing Research, 1997, 8: 125 - 136.

[84] WONDER N, WILHELM W, FEWINGS D. The financial rationality of consumer loan choices: revealed preferences concerning interest rates, down payments, contract length, and rebates [J]. Journal of Consumer Affairs, 2008, 42: 243 - 270.

[85] WONG G. Has SARS infected the property market? Evidence from Hong Kong [J]. Journal of Urban Economics, 2008, 63: 74 - 95.

[86] WOOD J, RICHARD B. Effect of the 1989 San Francisco Earthquake on frequency and content of nightmares [J]. Journal of Abnormal Psychology, 1992, 101: 219 - 224.

[87] WOOLFRIDGE J. Econometric analysis of cross section and panel data [M]. The MIT Press, 2001.

[88] YOUNG C E. Perceived water quality and the value of seasonal homes, water resources bulletin [J]. American Water Association, 1984, 20: 163 - 168.

致　谢

在这里，我首先要感谢我就读博士时期的导师美国德州农工大学甘犁教授，他的人品、他的学识、他完美的学术和学习生涯都无法不让我崇拜他，他让我感受到学术的真谛，让我对什么是学术研究、怎么做学术研究有了最清晰的认识。而且在我对研究最迷茫的时候，他给了我前进的动力和支持。还有国际商学院的刘崇仪教授曾经给予我无私的帮助和指导，他很慈祥，我一生都会敬重这位老一辈的学者。

同时，衷心地感谢西南财经大学公共管理学院的臧文斌教授，我很感谢臧老师在我攻读博士期间一直到现在给我的帮助和各方面的指导。后来我去了北京大学光华管理学院，认识了刘国恩教授，他对学术的激情让我备受感染。在北京大学那段时间我还认识了徐程教授，我很荣幸能够认识她，我可以和她推心置腹地谈论很多事情，她给了我很好的建议。感谢金融学院副院长赵静梅教授以及经济与管理学院的李涵教授、张进教授、张彤教授、吴煜教授、傅十和教授、何勤英教授、袁燕教授等，在我人生成长的道路上他们给了我很多无私的帮助。

其次，我感谢中国人民大学汉青高级经济与金融研究院的叶光亮教授，他对我的帮助我会一直铭记在心。通过叶老师我认识了香港大学经济金融学院的黎志刚教授，黎老师给了我一个学术启蒙的教育，他的睿智让我觉得我就是一个刚从幼稚园出来的孩子，很感谢他能够有兴趣和我合作发表文章，我从中受益匪浅。感谢远在美国西北大学凯洛格商学院的 Yuk‐fai Fong 和 Satterthwaite 两位教授，虽然由于各种原因没有成行但是很感激他们对我留学访问的邀请。

当然，我更要感谢我的父母、哥嫂、姐姐和姐夫、侄子和外甥，我很愧疚我没有能够用自己的双手让他们过上比现在更好的生活，也没有能够达到他们期望我达到的高度。然而，确实是他们让我这些年来一直无忧地走下来。每当我在最困难的时候，听到家人的声音我就有了动力，我知道不论我走到何种地步，总有亲人的支持。

邓国营